Kohlhammer

Perspektiven auf Gesellschaft und Politik

Herausgegeben von Thomas Hauser, Prof. Dr. Tanjev Schultz, Prof. Dr. Guido Spars und Prof. Dr. Daniela Winkler

Eine Übersicht aller lieferbaren und im Buchhandel angekündigten Bände der Reihe finden Sie unter:

 https://shop.kohlhammer.de/pgp

Pamela Kerschke-Risch
(Hrsg.)

Sexualisierte Gewalt gegen Kinder

Hintergründe – Zusammenhänge – Erklärungen

Verlag W. Kohlhammer

Dieses Werk einschließlich aller seiner Teile ist urheberrechtlich geschützt. Jede Verwendung außerhalb der engen Grenzen des Urheberrechts ist ohne Zustimmung des Verlags unzulässig und strafbar. Das gilt insbesondere für Vervielfältigungen, Übersetzungen, Mikroverfilmungen und für die Einspeicherung und Verarbeitung in elektronischen Systemen.

Die Wiedergabe von Warenbezeichnungen, Handelsnamen und sonstigen Kennzeichen in diesem Buch berechtigt nicht zu der Annahme, dass diese von jedermann frei benutzt werden dürfen. Vielmehr kann es sich auch dann um eingetragene Warenzeichen oder sonstige geschützte Kennzeichen handeln, wenn sie nicht eigens als solche gekennzeichnet sind.

Es konnten nicht alle Rechtsinhaber von Abbildungen ermittelt werden. Sollte dem Verlag gegenüber der Nachweis der Rechtsinhaberschaft geführt werden, wird das branchenübliche Honorar nachträglich gezahlt.

Dieses Werk enthält Hinweise/Links zu externen Websites Dritter, auf deren Inhalt der Verlag keinen Einfluss hat und die der Haftung der jeweiligen Seitenanbieter oder -betreiber unterliegen. Zum Zeitpunkt der Verlinkung wurden die externen Websites auf mögliche Rechtsverstöße überprüft und dabei keine Rechtsverletzung festgestellt. Ohne konkrete Hinweise auf eine solche Rechtsverletzung ist eine permanente inhaltliche Kontrolle der verlinkten Seiten nicht zumutbar. Sollten jedoch Rechtsverletzungen bekannt werden, werden die betroffenen externen Links soweit möglich unverzüglich entfernt.

Mein Dank gilt meinem studentischen Mitarbeiter, Jan-Hendrik Bremer, der mich verlässlich bei Recherchen und Textkorrekturen unterstützt hat.

1. Auflage 2022

Alle Rechte vorbehalten
© W. Kohlhammer GmbH, Stuttgart
Gesamtherstellung: W. Kohlhammer GmbH, Stuttgart

Print:
ISBN 978-3-17-042030-4

E-Book-Formate:
pdf: ISBN 978-3-17-042031-1
epub: ISBN 978-3-17-042032-8

Inhalt

Fragen an die Gesellschaft   7
Pamela Kerschke-Risch

Zur Geschichte sexualisierter Gewalt   16
Dirk Bange

Von niemandem gehört – Bericht einer Betroffenen   29
Sonja Howard

**Verwundete Kinderseelen: Sexueller Missbrauch
und seine verheerenden Auswirkungen**   40
Katharina Anna Fuchs

**Täter und Täterinnen: Fremde Vertraute –
vertraute Fremde**   53
Katharina Anna Fuchs

**Soziologische, kriminologische und
viktimologische Aspekte sexualisierter Gewalt**   70
Pamela Kerschke-Risch

**Die Strafbarkeit des sexuellen Missbrauchs
von Kindern**   86
Garonne Bezjak

Inhalt

Wege durch das Strafverfahren   100

Martina Peter

Prävention, Unterstützung und Hilfe für Betroffene – Eine juristische Perspektive   114

Andrea Kliemann, Wolfgang Feuerhelm

Sümpfe und Moore? Sexualisierte Gewalt in der katholischen Kirche   126

Matthias Drobinski

Gefährliche Nähe? Sexualisierte Gewalt im Sport   138

Petra Tzschoppe

Sexualisierte Gewalt und pädagogische Einrichtungen   152

Bernd Christmann

Bewusstseinswandel: Sexualisierte Gewalt als eine gesellschaftliche Herausforderung   166

Pamela Kerschke-Risch

Fragen an die Gesellschaft

Pamela Kerschke-Risch

Berichte in den Medien über sexualisierte Gewalt gegen Kinder rufen in unserer Gesellschaft seit längerem ungläubigen Schrecken und nicht nur bei Eltern Angst und Entsetzen hervor. Dabei sind es nicht nur die jahrzehntelangen Skandale und Vertuschungen in den Kirchen, sondern auch unzählige Vergehen im Kontext sportlicher Aktivitäten, systematische Übergriffe im Kulturbereich und unaussprechliche Gräuel in pädagogischen Einrichtungen, sondern auch professionelle Pornoproduktionen im Darknet – teilweise mit kleinen Kindern oder sogar Säuglingen. Dies alles erscheint unfassbar, und es stellt sich die Frage, wie solche Dinge in einer Gesellschaft wie der Bundesrepublik überhaupt möglich sein können.

Fragen an die Gesellschaft

Wie kann es sein, dass sexualisierte Gewalt offenbar so häufig vorkommt, zudem vielfach totgeschwiegen und von Individuen und sogar ganzen Institutionen gedeckt wird? Wie kann es sein, dass in einer Gesellschaft, die sich in besonderer Weise dem Ideal der Menschenwürde verschrieben hat, Übergriffe gerade auf die Schwächsten von uns möglich sind? Denn Gewaltanwendung läuft unseren grundlegenden Werten entgegen und dies gilt insbesondere für sexualisierte Gewalt gegen Kinder.

Bei diesen Fragen geht es vorrangig nicht um spektakuläre Einzeltäter, wie zum Beispiel den sogenannten »Maskenmann«, der in den 1990er Jahren in Deutschland drei Morde verübte, sowie mehr als 40 Sexualdelikte an Kindern, vorwiegend in Schullandheimen, begangen hatte. Auch geht es nicht um einen anderen, medial stark ausgeschlachteten Fall in Österreich, bei dem Natascha Kampusch, ein zum Tatzeitpunkt 10-jähriges Mädchen, entführt, 3096 Tage gefangen gehalten und sexuell missbraucht wurde, bevor sie im Jahr 2006 fliehen konnte. Zwar prägen gerade diese Fälle die medial vermittelten Vorstellungen über Sexualstraftäter in der Bevölkerung. Doch die reale Bedrohung dieser Art Gefahr wird überschätzt – diese geht statistisch gesprochen gegen null. Das unmittelbare Grauen und der Schmerz für die Betroffenen kann von dieser Erkenntnis natürlich nicht gelindert werden. Daher muss das öffentliche Bewusstsein dafür geschärft werden, dass die weitaus größere Gefahr im sozialen Umfeld der Kinder zu verorten ist.

Die Nachrichten über sexualisierte Gewalt, die wir seit Jahren in konstanter Regelmäßigkeit erhalten, sind jedoch von einer anderen Qualität und keineswegs Einzelfälle. Sie betreffen vielmehr zunächst die Gesellschaft als Ganzes. So erschütterten seit etwa Mitte der 80er Jahre ausgehend von den Vereinigten Staaten diverse Missbrauchsskandale die Öffentlichkeit.[1] Breite internationale Aufmerksamkeit erhielt das Phänomen, als im Jahr 2002 in der liberalen Tageszeitung *Boston Globe* eine Reihe investigativer Artikel erschienen.

---

1 Vgl. dazu den Eintrag »Sexueller Missbrauch in der römisch-katholischen Kirche« bei Wikipedia.

Fragen an die Gesellschaft

Das Autorenteam begnügte sich nicht nur mit der Aufdeckung sexualisierter Gewalt gegen Kinder innerhalb der katholischen Kirche in Boston, sondern legte auch den erschreckenden Umgang der Kirche mit diesen Fällen offen. Die Ereignisse wurden zu dem äußerst sehenswerten Kinofilm *Spotlight* verarbeitet (siehe dazu https://www.imdb.com/title/tt1895587). Die Kirche verweigerte nicht nur Hilfe und Entschädigung der Opfer, sondern war auch nicht um Aufklärung bemüht. Ganz im Gegenteil: Die Kirche übte Druck auf die Betroffenen und auf die Journalist:innen aus. Verschweigen und Vertuschen waren das Mittel der Wahl. Als schließlich die Wahrheit trotz aller Vertuschungsversuche durch das Engagement Unzähliger ans Tageslicht kam, waren das Entsetzen und die Empörung der Gesellschaft zu Recht groß. Die moralischen Fundamente der abendländischen Gesellschaft schienen in Frage gestellt. Woran kann man noch glauben, wenn jene, die uns von der Kanzel das Wort Gottes predigen, uns ermahnen, Gutes zu tun und uns sogar die Beichte abnehmen, sich selbst an Kindern vergehen oder als Institution Sexualstraftäter aus den eigenen Reihen decken? Gerade die Reaktionen der Menschen weltweit haben offenbar viele weitere Betroffene ermutigt, ihre teilweise Jahre oder jahrzehntelang zurückliegenden schrecklichen Erlebnisse öffentlich zu machen, sodass wenig später ähnliche Skandale die irische und seit etwa 2010 auch die deutsche Kirche erschütterten. Die Mechanismen in den Kirchen waren fast immer die gleichen: Verleugnen, Verheimlichen und den Opfern keinerlei Hilfe oder Unterstützung gewähren! Die Täter wurden in andere Gemeinden versetzt und konnten sich dort neue Opfer suchen. Wer nun die Alleinschuld bei der Kirche sucht, greift jedoch zu kurz. Wir müssen uns als Gesellschaft fragen, warum die Kirchen und ihre Vertreter für dieses Problem offenbar so anfällig sind. Warum konnte dies so lange im Verborgenen geschehen? Wie kann es sein, dass bei so schwerwiegenden Delikten die Kirche lediglich intern ermittelte? Und was müssen wir ändern, damit dieser Schrecken nachhaltig beendet wird?

Allerdings ist die Kirche durchaus nicht die einzige Institution, in der es zu systematischen sexuellen Übergriffen und anschließenden Vertuschungen kam. Zu erinnern ist hier vor allem an die sich über Jahrzehnte hinziehenden sexuellen Übergriffe des Schulleiters der reformpädagogischen Odenwaldschule Gerold Becker und weiterer Lehrpersonen. Als im Jahr 1999 Jörg Schindler in einem Artikel in der Frankfurter Rundschau (*Der Lack ist ab*, 17.11.1999; https://web.archive.org) die Missstände durch die Aussage zweier Betroffener aufdeckte, blieb ein breites Echo der Öffentlichkeit zunächst aus und auch strafrechtlich verlief der Fall im Sand. Erst ab etwa 2009 kochte das Thema schließlich medial und juristisch hoch.[2] Zu Tage traten unfassbare Ereignisse, bei denen Lehrkräfte die ihnen anvertrauten Kinder als Sexsklaven mit auf Urlaubsreisen nahmen oder sie auf ›Partys‹ Freunden zur Prostitution anboten, wobei Mädchen sogar geschwängert wurden. Unvorstellbar ist aber auch, dass die Schule bei Bekanntwerden der Skandale diese nicht unmittelbar und vorbehaltlos aufgeklärt hat. Vielmehr stand nach Aussage des Altschülersprechers Florian Lindemann »Eigenschutz im Vordergrund, mit dem Ergebnis: Die Opfer wurden vergessen, die Täter wurden geschont.«[3] Und auch bei diesem Beispiel müssen wir uns als Gesellschaft fragen: Wie kann es sein, dass gerade im Kontext jener Institutionen, die sich dem Wohl und der Erziehung verschrieben haben, sexualisierte Gewalt gegen Kinder ausgeübt wird? Mehr noch: Wie kann es sein, dass mit dem Argument des »Selbstschutzes« Aufklärung verhindert wird? Wir müssen uns als Gesellschaft insgesamt fragen, welche Ideale von uns gepflegt werden, sodass solche Handlungsmuster, Rechtfertigungen und Argumentationsmuster überhaupt wirksam werden können.

Kinderpornografische Darstellungen gibt es seit langem, jedoch war die Verbreitung in der Vergangenheit aufgrund der noch nicht vorhandenen technischen Möglichkeiten relativ begrenzt.

---

2 Überblick beim Eintrag »Odenwaldschule« bei Wikipedia.
3 Matthias Bartsch, Gunther Latsch, Markus Verbeet und Klaus Wiegrefe, Verbrechen: Familienbande, in: Der Spiegel 13/2010 (online: https://www.spiegel.de/politik/familienbande-a-0e0a732f-0002-0001-0000-000069744007?context=issue).

Ein erschütterndes und spektakuläres Beispiel aus den 1980er und 1990er Jahren ist der Fall Marc Dutroux aus Belgien. Der Täter entführte, vergewaltigte und ermordete Kinder und junge Mädchen, u. a. um pornografische Videos zu erstellen. Die Fälle wurden zwar nie komplett aufgeklärt, doch wird vermutet, dass neben seiner Frau als Mittäterin weitere Personen involviert waren. Ermittlungspannen führten zu einer politischen Krise und erschütterten das Vertrauen in die belgische Justiz. Ein relativ neues Phänomen ist die Verbreitung von Kinderpornografie über das Internet. Hier steigen die Nutzerzahlen in einem erschreckenden Ausmaß an. So wurde etwa im Jahr 2017 die Plattform *Elysium* mit rund 100 000 Usern ausgehoben. Damals war dies die bis dato größte bekannt gewordene Plattform. Im Mai 2021 wurde die Darknet-Plattform *Boystown* mit bereits 400 000 Mitgliedern aufgelöst und gilt seitdem als eine der weltweit größten Plattformen für Kinderpornografie. Trotz dieser vereinzelten Ermittlungserfolge muss davon ausgegangen werden, dass sich das gesamte Ausmaß dieser riesigen Netze mit ihren vielen Opfern und unzähligen Täter:innen noch gar nicht abschätzen lässt. So viel ist aber allein schon anhand der angeführten Beispiele zu erkennen: Der ›Markt‹ für Kinderpornografie boomt! Laut den neuesten Zahlen ist die Anzahl der bekannt gewordenen Fälle im Jahr 2021 um fast 110 % im Vergleich zum Vorjahr gestiegen. Ein Grund dürfte darin liegen, dass der Zugang zu diesen Plattformen denkbar einfach war: Man musste lediglich ein Konto einrichten, indem man eine E-Mail-Adresse hinterlegt und Kontonamen und Passwort frei auswählt. Dadurch ist die Hemmschwelle, so einer Plattform beizutreten, offenbar sehr niedrig. Zu sehen waren hauptsächlich Darstellungen von Missbrauchshandlungen an Jungen sowie an Kleinkindern. Wir müssen uns fragen, wie es sein kann, dass sich gerade in unserer Gesellschaft eine (halb-)professionelle »Kinderpornografie« im Internet etabliert? Ist es der gefühlt rechtsfreie digitale Raum des Cyberspace, der Menschen derart skrupellos macht?

Man könnte auch vermuten, dass die digitalen Darstellungen eine große Distanz zu den Betrachtern erzeugen, sodass das unsägliche Leid der Kinder weder realisiert wird, noch persönlich berührt. Auch wird vermutlich gar nicht wahrgenommen bzw. verdrängt, dass die Filme und Bilder auch physisch produziert werden müssen. Erinnert sei vor diesem Hintergrund an den riesigen Tatkomplex in Bergisch Gladbach, der seit Herbst 2019 von einer Sonderkommission der Polizei aufgearbeitet wurde. Das Ergebnis in Zahlen: Fast 450 Tatverdächtige wurden identifiziert, es gab 27 Festnahmen, beinahe 3000 kinderpornografische Dateien wurden sichergestellt und 65 Opfer konnten aus der Gewalt der Täter befreit werden.[4] Es sei an dieser Stelle lediglich erwähnt, dass das jüngste Opfer erst drei Monate alt war, als es aus der Missbrauchssituation befreit wurde! Doch die reinen Zahlen sagen noch nichts über das Grauen, das Leid und den Schmerz der Kinder aus. Vor kurzem wurde ein neuer Fall bekannt, der Missbrauchskomplex von Wermelskirchen, der offenbar zuvor noch nicht gekannte Dimensionen aufweist: So wurden ca. 3,5 Millionen Bilder und 1,5 Millionen Videos gefunden. Das besonders Perfide bei diesem Fall ist, dass der Hauptverdächtige sich als Babysitter Zugang zu den Kindern verschafft haben soll. Der Kölner Polizeipräsident sagte dazu (Der Spiegel vom 30.05.2022):

> »Ich bin wirklich erschüttert und fassungslos. Ein solches Ausmaß an menschenverachtender Brutalität und gefühlloser Gleichgültigkeit gegenüber dem Leid von kleinen Kindern, ihren Schmerzen und Schreien und ihrer offensichtlichen Angst ist mir noch nicht begegnet«

Laut dem Nachrichtenmagazin Spiegel soll es sich bei den weiteren Verdächtigen um Väter, Nachbarn, Bekannte und Verwandte handeln. Vor diesem Hintergrund dieser und ähnlicher Komplexe muss man sich fragen, ob und in welcher Form Eltern oder Erzieher:innen bei der Produktion derartiger Bildmaterialien eine Rolle spielen. Keinesfalls dürfen Eltern und Erzieher:innen in einen Generalverdacht geraten. Aber man muss offenbar das Undenkbare berücksichtigen. Die großen Missbrauchskomplexe rücken jeden-

---

4 Dazu den Eintrag »Missbrauchskomplex Bergisch Gladbach« bei Wikipedia.

falls die engsten Bezugspersonen in den Fokus der Ermittlungen, denn man muss sich fragen, ob oder inwieweit die Produktion all dieses Materials unbemerkt erfolgen konnte. Wurden Verdachtsmomente nicht ernst genommen? Wurde weggesehen, weil nicht sein kann, was nicht sein darf?

Neben den ›strukturell‹ bedingten Auswüchsen sexualisierter Gewalt, bei denen die Gesellschaft eine besondere Verpflichtung hat, gibt es aber auch Übergriffe in isolierten Kontexten, wie der Familie oder dem Freundeskreis. Und tatsächlich erfolgen im sogenannten Nahraum die allermeisten Missbrauchsdelikte gegen Kinder. Laut der offiziellen Polizeilichen Kriminalstatistik wurden in der Bundesrepublik Deutschland für das Jahr 2020 rund 17 000 Fälle sexuellen Missbrauchs an Kindern erfasst, 2021 waren es 17 498 Fälle (BKA, 2022). Dies sind gemittelt fast 50 Fälle pro Tag. Hierzu zählen sowohl versuchte als auch vollendete Taten, die unter den § 176 des Strafgesetzbuches (StGB) fallen. Um diese Zahlen richtig einschätzen zu können, ist zu bedenken, dass in offiziellen Statistiken natürlich nur die Taten erfasst werden können, die der Polizei auch bekannt geworden sind. Da generell bei allen Straftaten davon auszugehen ist, dass nur ein Bruchteil aller verübten Taten bekannt wird, ist folglich die Anzahl tatsächlich begangener Delikte weitaus höher. Während die Dunkelziffer etwa bei Mord relativ niedrig sein dürfte, ist der Anteil bei einfachen Diebstählen recht hoch. Die Dunkelziffer bei sexualisierter Gewalt gegen Kinder liegt irgendwo dazwischen.

Die offiziellen Zahlen der in den Statistiken auftauchenden Fälle von Kindesmissbrauch werden als »Hellfeld« bezeichnet. Die viel größere, aber letztlich doch nie präzise bekannte, tatsächliche Anzahl von Delikten – man spricht deshalb vom sogenannten »Dunkelfeld« – kann anhand sozialwissenschaftlicher Untersuchungen lediglich geschätzt werden. Meist geht man davon aus, dass auf jeden bekannt gewordenen Fall ungefähr zwanzig unentdeckte Taten fallen. Hochgerechnet bedeutet dies, dass es pro Jahr allein in Deutschland die erschreckende Zahl von etwa 340 000 Fällen sexuellen Missbrauchs an Kindern geben dürfte, über die in der Öffentlichkeit jedoch so gut wie nichts bekannt wird. Das bedeutet zunächst einmal, dass das gesamte Problem in seiner wahren Dimension im Gegensatz zu den anderen Fällen sexualisierter Gewalt kaum öffentliches Interesse hervorruft.

Zum gegenwärtigen Zeitpunkt ist davon auszugehen, dass ca. 80–90 % aller Taten von Männern begangen werden. Im Umkehrschluss ist von ca. 10–20 % Täterinnen auszugehen. Auch bei dieser Beobachtung müssen wir uns als Gesellschaft fragen, woher dieses Ungleichgewicht kommt. Was treibt gerade Männer dazu an, sich an Kindern zu vergehen? Spielt hier möglicherweise die Tatsache eine Rolle, dass bei all den Delikten trotz aller Unterschiede im Einzelfall ein Hierarchiegefälle zwischen den Tätern und den Opfern existiert? Die Täter sind mächtig, die Betroffenen schwach und weitgehend hilflos. Häufig können sie sich weder wehren, noch artikulieren. Die Täter fühlen sich unangreifbar sowie überlegen und können nicht nur ihre sexuellen Bedürfnisse befriedigen, sondern auch ihre Machtgelüste an den Kindern nahezu gefahrlos ausleben. Folgen die Täter hier einem Männlichkeitsideal, das sie sonst nicht in der Lage sind, auszuleben?

Doch warum melden sich die Betroffenen nicht oder erst lange Zeit nach den Taten? Für Außenstehende erscheint das lange Schweigen vielfach unverständlich und nicht nachvollziehbar. Dadurch wird die Glaubwürdigkeit der betroffenen Kinder in Frage gestellt. Da für die Betroffenen eine besondere Schwierigkeit in der Beweisführung besteht, ertragen viele das ihnen zugefügte Leid in Zurückgezogenheit und Stille. Aber auch Angst und Scham sind Gründe dafür, zu schweigen. Und so ergibt sich aus still erlittenem Leid häufig ein Teufelskreis, der noch weitere Viktimisierungen zur Folge haben kann. Wie können wir den Betroffenen eine Brücke bauen, sodass sie mit ihren Erfahrungen nicht alleine gelassen werden und notwendige Hilfe erhalten? Wie können wir die Situation der Betroffenen verbessern?

Und so drängt sich schließlich die Frage auf, ob es schon immer sexualisierte Gewalt gegen Kinder gab, oder ob es sich hierbei um ein neues Phänomen unserer Zeit und Gesellschaft handelt. Denn was unter sexualisierter Gewalt zu verstehen ist, hängt auch von den jeweils bestehenden Normen und Moralvorstellungen ab, die wiederum dem allgemeinen Zeitgeist unterliegen. So belegen etwa antike Darstellungen oder literarische Überlieferungen mehr oder minder geheime Gelüste und Wünsche, die nach heutigen Maßstäben als sexualisierte Gewalt zu verstehen sind. Die Zeitgenossen scheinen darin jedoch kein Fehlverhalten gesehen zu haben. Doch eine Vergewaltigung ist für ein Kind immer sowohl physisch als auch psychisch traumatisierend, ganz unabhängig von der jeweils vorherrschenden gesellschaftlichen und religiösen Moral oder dem politischen System. Die Schwierigkeit besteht also auch darin, festzulegen, wo z. B. liebevolle, tröstende Berührungen aufhören und unsittliche Körperkontakte anfangen – die Grenzen sind teilweise fließend und hängen auch von Konventionen ab. D. h., sie ändern sich vor dem Hintergrund von Raum und Zeit. Allein die Motivation der Berührung entscheidet, worum es sich handelt. Und wir können nicht in die Köpfe der Menschen hineinsehen, sodass wir in diesem Punkt auch mit einer gewissen Unsicherheit leben müssen. Wir dürfen aber auch den normalen Umgang miteinander, mit unseren Kindern nicht vergiften lassen, indem wir im Zweifel von einem Delikt ausgehen.

Wir müssen wachsam sein, ohne jedoch überzureagieren. Ja, es ist unser aller Aufgabe, nicht wegzusehen und den Betroffenen die bestmögliche Hilfe und Unterstützung zu gewähren. Hierbei hilft gute und fundierte Information. Dies ist das vorrangige Ziel des vorliegenden Bandes. Die hier versammelten Beiträge behandeln die soeben aufgeworfenen Fragen aus unterschiedlichen Perspektiven, präsentieren aktuelle Zahlen sowie Erkenntnisse, geben aber auch ganz praktische Hinweise und Hilfestellungen. Wir möchten auf diese Weise den Blick auf dieses schreckliche Thema lenken, ihn schärfen und sensibilisieren. Sexualisierte Gewalt gegen Kinder darf nicht in den Hintergrund rücken. Auch wenn noch Fragen offen sind – wir müssen uns positionieren, denn Schweigen ist keine Option. Es geht uns alle an!

Zur Geschichte sexualisierter Gewalt

Dirk Bange

Vom Altertum bis heute gab und gibt es sexualisierte Gewalt an Mädchen und Jungen. Diese Feststellung ist unumstritten, obwohl sich die Geschichtsschreibung über sexualisierte Gewalt noch immer in ihren Anfängen befindet.

Der Begriff *sexualisierte Gewalt* ist ein moderner und entspricht unserem heutigen Verständnis. Er kann deshalb nicht einfach auf die Vergangenheit übertragen werden. Dessen ungeachtet haben aber auch in der Vergangenheit betroffene Mädchen und Jungen unter diesen Taten gelitten. So wird etwa eine anale Vergewaltigung eines Siebenjährigen allein schon aus anatomischen Gründen von ihm als massive Gewalt und traumatisierend erlebt worden sein. Einige Autor:innen (z. B. Lenzen 1985, 17), die auf die anderen Moralvorstellungen vergangener Zeit verweisen und eine solche Feststellung als moralisierend bezeichnen, verkennen dies.

Die Antike

Aus der frühen Menschheitsgeschichte gibt es nur wenige Überlieferungen. Sie zeigen aber, dass Kinder seit Beginn der Menschheitsgeschichte sexualisierter Gewalt ausgesetzt waren (deMause 1980, 71). Die Quellenlage hinsichtlich der antiken Hochkulturen Europas ist deutlich besser. So erlaubte z. B. die griechische Gesellschaft »sexuelle Beziehungen« zwischen Männern und Jungen. Von Pädosexuellen werden sie bis heute als gleichberechtigt bewertet und idealisiert, obwohl die Unterlegenheit der Jungen eine ihrer Voraussetzungen war und sie keine Erektionen bekommen durften. Ernest Bornemann, der »sexuellen Kontakten zwischen Kindern und Erwachsenen« ansonsten eher unkritisch gegenüberstand, formuliert die Zielsetzung der Pädosexuellen im antiken Griechenland mit drastischen Worten (1978, 992):

> »[...] denn es ist kennzeichnend für die griechische Form der Päderastie, dass sie den Knaben fast ausschließlich als Anus mit Anhang sah. Die gewaltige Literatur der griechischen Knabenliebe mit all ihren ethischen, philosophischen und pädagogischen Ansprüchen läuft trotz ihres oft hohen literarischen Interesses auf nichts anderes heraus als auf den Wunsch des Älteren, der Jüngere möge ihm seinen Anus zur Verfügung stellen.«

Doch bereits das antike Griechenland kannte Gesetze gegen sexualisierte Gewalt an Kindern. Wenn auch eher selten, so konnten sexuelle Kontakte mit Kindern durchaus bestraft werden. Dies war nötig, da viele Jungen der »griechischen Knabenliebe« zum Opfer fielen. Es kam zudem nicht selten zu sexualisierter Gewalt durch

Fremde, Bekannte, Lehrer oder Familienmitglieder. Vor allem in den griechischen Hafenstädten gab es zudem Bordelle, in denen Jungen und Mädchen als Prostituierte arbeiten mussten (deMause 1980, 71 ff.). Im antiken Rom benutzten Männer Kinder ebenfalls als Sexualobjekte. So wurden Jungen z. B. schon in der Wiege kastriert, um von pädosexuellen Männern sexuell missbraucht zu werden. Llyod deMause kommt deshalb zu folgender Einschätzung über die antiken Hochkulturen Europas (deMause 1980, 71):

»In der Antike lebte das Kind in den ersten Jahren in einer Atmosphäre sexuellen Missbrauchs. In Griechenland oder Rom aufzuwachsen, bedeutete oft, von älteren Männern missbraucht zu werden.«

In der Rechtsprechung galt die Vergewaltigung eines Mädchens als Diebstahlsdelikt. Weder die Verletzung der sexuellen Selbstbestimmung des Opfers noch die dem Mädchen zugefügten seelischen und körperlichen Schädigungen waren ausschlaggebend für die Strafverfolgung. Vielmehr wurden die Verletzung der Eigentumsrechte des Vaters und die für ihn aus dem Verlust der Jungfräulichkeit der Tochter resultierende Minderung des Brautpreises bestraft. Nur wenn z. B. ein Mann ein noch nicht verlobtes Mädchen ohne die Erlaubnis des Vaters vergewaltigte, hatte er mit Strafe zu rechnen. Er musste auf Verlangen des Vaters das Mädchen heiraten und ihm den Brautpreis bezahlen. Diese Rechtsprechung blieb bis zum 2. Jahrhundert unserer Zeitrechnung gängige Praxis (Rush 1985[3], 55 ff.).

Erst mit der Ausbreitung des Christentums vor etwa 2 000 Jahren veränderten sich allmählich die Einstellungen. Sexuelle Handlungen zwischen Erwachsenen und Kindern galten fortan zunehmend als unmoralisch und für die Kinder schädlich. Sie waren unvereinbar mit der von den Christen postulierten »Unschuld des Kindes«.

Das Mittelalter

Im Mittelalter wurde die Vergewaltigung von Kindern schließlich nicht nur als verachtenswert, sondern auch für strafwürdig erachtet. So wurden Ende des 13. Jahrhunderts in England die ersten Gesetze zum Schutz der Kinder vor sexualisierter Gewalt erlassen. In den »Statutes of Westminster« wurde es unter Strafe gestellt, ein Mädchen unter zwölf Jahren zu vergewaltigen, selbst wenn es keinen sichtbaren Widerstand zeigte. Allerdings wurden die Gesetze damals kaum angewandt, obwohl solche Taten alltäglich vorkamen. Gerd Schwerhoff, der die Turmbücher der Stadt Köln untersuchte, stellt z. B. fest (1991, 400):

> »Sexuelle Gewalt gegen Mädchen im Alter von fünf bis zwölf Jahren war kein Einzelfall, ob sie von Nachbarn, Meistern, Fremden oder gar den eigenen Vätern verübt wurde.«

An einer Fülle von vor Gericht verhandelten Fällen belegt er zudem, dass sexualisierte Gewalt schon damals einen starken Normverstoß darstellte und manchmal hart bestraft wurde. Gleichzeitig blieben aber – ähnlich wie heute – zahlreiche Verfahren aufgrund von Beweisschwierigkeiten ungeahndet. Nicht selten wurden die Kinder von den Tätern diffamiert oder die Angehörigen verzichteten auf eine Anzeige, weil sie um ihren guten Ruf fürchteten.

Gleichzeitig war eine gewisse Freizügigkeit im Umgang mit Kindern erlaubt. So waren grobe Scherze in Gegenwart von Kindern und auch bestimmte Formen sexueller Berührungen bis zur Renaissance gestattet.

Das 18. und 19. Jahrhundert

Im 18. Jahrhundert wurden die Stimmen lauter, die jegliche sexuelle Handlungen zwischen Kindern und Erwachsenen als schädlich und unmoralisch kritisierten. Ausgangspunkt war – wie schon in der Antike – die christliche Vorstellung vom »unschuldigen Kind«. Äußerungen über Sexualität vor Kindern und erst recht sexuelle Kontakte zwischen Erwachsenen und Kindern galten nun als sündhaft, unmoralisch und verletzend. Sie wurden folglich zunehmend kriminalisiert und später pathologisiert.

Voraussetzung für diese Entwicklung war, dass sich seit der Renaissance erstmalig eine Vorstellung von Kindheit entwickelt hatte, die sich im Übrigen auch in der Malerei gut nachvollziehen lässt. Bis dahin wurden Kinder als kleine Erwachsene angesehen. Erst als Kindheit und Jugend als besondere Lebensphasen erkannt wurden, konnte sich die Sichtweise durchsetzen, dass Kinder und Jugendliche eines besonderen Schutzes bedürfen.

Wie notwendig und gleichzeitig erfolglos diese erste Kinderschutzbewegung war, zeigen die folgenden zwei Schlaglichter:

In Paris sind einem Untersuchungsbericht zufolge in den Jahren 1878 und 1898 fast die Hälfte der von der Polizei verhafteten nichtregistrierten knapp 27 000 Prostituierten unter 16 Jahre alt, einige nicht älter als 10 Jahre (Rush 1985[3], 112 f.).

Im Jahre 1886 veröffentlicht Paul Bernard das Buch »Unzucht mit kleinen Mädchen«. Die Tabellen am Ende des Buches weisen zwischen 1827 und 1870 in Frankreich 36 176 aktenkundig gewordene Fälle von Vergewaltigung und Sittlichkeitsvergehen an Kindern bis zum fünfzehnten Lebensjahr auf. Wenn man bedenkt, dass die allermeisten Fälle sexualisierter Gewalt nicht angezeigt wurden, ist dies eine sehr hohe Zahl.

Das 20. Jahrhundert

Sexualisierte Gewalt an Kindern wurde Anfang des 20. Jahrhunderts erstmals relativ breit diskutiert. In psychoanalytischen Kreisen wurde über Sigmund Freuds Verführungstheorie gestritten. Die Zeitungen berichteten regelmäßig über derartige Verbrechen und sozialkritische Literaten beschrieben ebenfalls die Realität sexualisierter Gewalt. Außerdem entwickelte sich eine lebhafte Diskussion über die Glaubwürdigkeit kindlicher Zeugen in Sittlichkeitsprozessen. Insbesondere William Stern, der ab 1903 als erster Gerichtspsychologe in Deutschland tätig war, und der Kinderarzt Albert Moll sind hier zu nennen. Bezüglich kindlicher Zeuginnen vertrat Stern auf Basis seiner Untersuchungen und Gerichtserfahrungen die Haltung, insbesondere Mädchen könne nur selten geglaubt werden, da sie sehr anfällig für suggestive Einflüsse seien. Aber auch von anderen Gerichtsgutachtern, Psychologen und Sexualwissenschaftlern wurde den kindlichen Aussagen wenig Wahrheitsgehalt zugesprochen. Allerdings finden sich in den Veröffentlichungen auch gegenteilige Meinungen. So stellt z. B. der Berliner Kinderarzt Albert Moll fest (1909, 206):

> »[...] in den meisten mir bekannten Fällen haben zweifellos die Älteren mit der Verführung begonnen.«

Solchen Erkenntnissen wurde in den weiteren Untersuchungen meist aber nicht weiter nachgegangen, da sie der herrschenden Meinung über sexualisierte Gewalt widersprachen.

Des Weiteren erschienen in den 20er Jahren des vorigen Jahrhunderts zahlreiche Studien über die Hintergründe und Motive der Täter. Für ihre Taten wurden auf Basis von Gerichtsakten und Begutachtungen vor allem Geisteskrankheit, angeborene Dispositionen, ein ungewöhnlich starker Geschlechtstrieb, Intelligenzdefekte, Psychopathien und Alkohol verantwortlich gemacht. Ähnlich verhält es sich hinsichtlich der sozialen Ursachen: Wohnraumnot oder andere wirtschaftliche Nöte wurden als ausschlaggebend angesehen. Im Mythos vom geisteskranken Triebtäter aus der Unterschicht fließen diese Annahmen zusammen.

Im Laufe der Zeit wurde das Verhalten der betroffenen Kinder stärker berücksichtigt. Dabei wurde der Unterschied zwischen Täter und Opfer vielfach verwischt. So wurde das betroffene Kind als »Mittäter:in« angesehen, wenn etwa Hans von Hentig und Theodor Viernstein schreiben (1925, 206):

»In der Hälfte aller Fälle, über die nähere Angaben zu erlangen waren, wird das Opfer des Inzests als verdorben, bös, bissig, appetent, nachtragend, hinterhältig, duckmäusig geschildert.«

Sigmund Freud und seine »Verführungstheorie«

Sigmund Freud, der Begründer der Psychoanalyse, veröffentlichte im Jahr 1896 seinen Aufsatz »Zur Ätiologie der Hysterie« und löste damit eine der ersten Debatten über sexualisierte Gewalt an Mädchen und Jungen aus. Er berichtete, alle seiner zwölf Klientinnen und sechs Klienten seien als Kinder sexuell missbraucht worden. Er hielt sexualisierte Gewalt deshalb für *die* Ursache der Hysterie – allerdings nur wenn sie verdrängt wird.

Knapp ein Jahr später begann Freud an den Berichten seiner Klient:innen zu zweifeln: Die meisten dieser Berichte würden nicht auf realen Erfahrungen basieren, sondern seien Ausdruck des Ödipuskomplexes. Aufgrund massiver Kritik sowie bei Freud selbst entstandener fachlicher Zweifel und vielleicht auch wegen persönlicher Motive widerrief er seine Theorie bereits 1897.

Verschiedene Wissenschaftler:innen vermuten, Freud selbst sei als Kind sexuell missbraucht worden. Die Verführungstheorie habe er aufgegeben, weil er sich dieser Realität aus innerpsychischen Gründen nicht stellen konnte. Auch wird die These vertreten, Freud hätte aus egoistischen Motiven die Verführungstheorie aufgegeben, da er sich durch seine Theorie beruflich isoliert habe.

Ohne Widerruf hätte er die gesamte Psychoanalyse in Misskredit gebracht und sich selbst beruflich ruiniert.

Analytiker:innen lehnen vor allem diesen Erklärungsversuch für Freuds Sinneswandel ab. Sie führen an, Freud sei schon 1896 bereit gewesen, mit seiner Verführungstheorie für Aufruhr zu sorgen. Außerdem habe Freud einige Jahre später mit seiner Theorie der kindlichen Sexualität ebenfalls Empörung und Ablehnung ausgelöst, ohne dass er sie deshalb widerrufen hätte. Des Weiteren sehen sie theoretische Gründe für Freuds Widerruf: Es sei ihm nicht darum gegangen, über sexualisierte Gewalt aufzuklären. Vielmehr habe er analysiert, ob zwischen ihr und der Hysterie ein ursächlicher Zusammenhang bestehe. Seine Abkehr von einem direkten Zusammenhang zwischen realen sexuellen Gewalterfahrungen und hysterischen Symptomen bedeute deshalb nicht, dass er die Realität sexueller Ausbeutung an Kindern leugne. Der ursächliche Zusammenhang von Verführung und Hysterie löse sich zudem auf, wenn Freud auch nur auf eine/n hysterische/n Klient:in gestoßen sei, die/der als Kind nicht sexuell missbraucht wurde. Seine Patientin Dora wird als früheste Widerlegung betrachtet, da sie als Kind nicht sexuell missbraucht worden sei. Zudem habe er die Verführungstheorie nicht durch den Ödipuskomplex ersetzt. Vielmehr sei die Verführungstheorie der Versuch, die Entstehung der Hysterie durch äußere Einflüsse – sprich: sexualisierte Gewalt – zu erklären, während der Ödipuskomplex eine Entwicklungsphase darstelle, die jedes Kind durchlaufe. Zu psychischen Auffälligkeiten komme es nur dann, wenn der Ödipuskomplex nicht richtig aufgelöst werde.

Zu diesen Argumenten muss zweierlei kritisch angemerkt werden: Neben Textstellen, in denen Freud sexuellen Missbrauch als real bezeichnet, gibt es zahlreiche Textstellen, in denen Freud ihn als nur in der Fantasie von Kindern vorkommend beschreibt. Außerdem sieht Freud selbst durchaus einen engen Zusammenhang zwischen Verführungstheorie und Ödipuskomplex.

Bis heute ist letztlich nicht geklärt, warum Freud die Verführungstheorie widerrief. Höchstwahrscheinlich war es eine Mischung von Motiven.

Über die Jahre des Nationalsozialismus gibt es nur wenig verlässliche Informationen. Die Täter wurden von Wissenschaftlern als »minderwertige« Menschen klassifiziert. Ihre Taten wurden als Ausdruck einer Veranlagung gesehen. Zu Tausenden wurden sie als Perverse sterilisiert oder kastriert. Sittlichkeitsdelikte konnten auch zum Abtransport in Konzentrationslager führen. Die betroffenen Kinder wurden wiederum vielfach als geistig und seelisch gestört, als schwachsinnig und sexuell hemmungslos betrachtet. Viele von ihnen wurden deshalb ebenfalls sterilisiert.

In den 50er und 60er Jahren erschienen wieder vermehrt Studien zum Thema. Wie schon vor dem 2. Weltkrieg stand die Glaubwürdigkeit der Kinder im Fokus der Ausführungen. Die Gegensätze zwischen den Gerichtsgutachtern, den Medizinern und Psychologen traten aber nicht mehr so scharf zutage. Daneben wurde sich wieder intensiv mit den Tätern und der sozio-ökonomischen Familiensituation befasst. Langsam änderte sich aber die Sicht auf die Täter. Herbert Maisch wendet sich schon 1968 auf Basis einer Aktenanalyse von 78 Fällen, die vor Gericht verhandelt wurden, in aller Deutlichkeit gegen den Mythos vom geistesgestörten »Sittenstrolch« (Maisch 1968, 92):

> »Was sich heute auf Grund der bisherigen Forschung ganz sicher sagen lässt ist, dass es den Inzesttäter gar nicht gibt. Sein Persönlichkeitsbild reicht (vereinfacht ausgedrückt) vom geistig normalen, charakterlich und sozial völlig unauffälligen, treusorgenden Familienvater bis zur durch alkoholische Exzesse bereits veränderten Persönlichkeit.«

Dennoch hielt sich der Mythos vom »schwarzen Mann« bis weit in die 80er Jahre hinein. Ähnlich verhält es sich mit anderen unzutreffenden Vorstellungen, obwohl Aktenanalysen bereits in den 1960er Jahren gezeigt hatten, dass rund ein Drittel der Täter aus der Familie der Kinder und die Hälfte aus deren sozialen Umfeld kamen. Genauso bekannt war, dass weniger als ein Fünftel der Täter Fremde und ein großer Teil der Betroffenen zwischen drei und zehn Jahre alt waren. Obwohl die Ergebnisse von anderen Studien bestätigt wurden, blieben sie von der Öffentlichkeit weitgehend unbeachtet. Noch in den 70er Jahren wurde in Aufklärungsbroschüren der Polizei weiterhin nur vor Fremdtätern gewarnt.

Durch die sogenannte 68er Bewegung und deren Aufstand gegen die Prüderie vorausgehender Jahre beherrschte die »sexuelle Revolution« die öffentliche Debatte. Durch sie entwickelte sich allmählich ein Klima, in dem über Sexualität offener gesprochen und Sexualität auch freier gelebt werden konnte. Die Familie wurde ein Stück weit von ihrem Sockel der »heiligen Institution« heruntergeholt. Zu Beginn dieser Entwicklung wurde von den Reformer:innen jedoch bewusst nicht über sexualisierte Gewalt gesprochen, da sie befürchteten, dass die Diskussion von den Konservativen als Argument gegen die sexuelle Liberalisierung benutzt würde. Erst später seit Mitte der 70er Jahre machte die Frauenbewegung zunächst sexualisierte Gewalt gegen Frauen zu einem öffentlichen Thema. Von da an war es nur noch eine Frage der Zeit, bis auch die sexualisierte Gewalt an Kindern zur Sprache kam.

1982 war es soweit: Sexualisierte Gewalt an Kindern wurde öffentlich diskutiert. Von besonderer Bedeutung war die Tatsache, dass nun zum ersten Mal die Debatte nicht nur von Wissenschaftler:innen, Jurist:innen, Mediziner:innen und Psycholog:innen bestimmt und geführt wurde. Vielmehr waren es in dieser Situation betroffene Frauen, die sexualisierte Gewalt zum weithin beachteten sozialen Problem machten. Dabei ging es vor allem um die sexualisierte Gewalt gegen Mädchen in der Familie. Die Medien berichteten fortan immer wieder über solche Fälle. An vielen Orten fanden, meist initiiert von Frauen- oder Selbsthilfegruppen, Podiumsdiskussionen statt. Die Öffentlichkeit reagierte zumeist geschockt, ungläubig und empört. Vor allem die Aussagen, dass sehr viele Mädchen betroffen seien, die Täter aus allen Schichten kämen und ganz »normale« Männer seien, führten zu ungläubigen Reaktionen.

Im Eifer dieser Jahre wurden einige Aspekte überbetont, andere übersehen. So wurde z. B. kaum beachtet, dass nicht nur Väter die Täter sind, sondern oftmals auch andere Autoritätspersonen wie etwa Lehrer oder Geistliche, Bekannte oder Nachbarn. Anschließend rückten auch die Jungen als Betroffene mehr in den Blickpunkt des Interesses. In der Folgezeit wurden weitere Tabus überwunden: Es wurde über Frauen als Täterinnen, über Missbrauch in Institutionen oder über Missbrauchsdarstellungen gesprochen. Seit Anfang der 90er-Jahre versuchten verschiedene Autor:innen die Diskussion als übertriebene Panikmache, sexualfeindlich und als »Missbrauch mit dem Missbrauch« zu diskreditieren. Diese Gegenreaktion war angesichts der (Forschungs-)Geschichte zu erwarten. Es gab immer wieder Phasen, in denen sexualisierte Gewalt an Kindern problematisiert und auf seine immense Häufigkeit hingewiesen wurde. So wurde z. B. Anfang des 20. Jahrhunderts der Missbrauch von Schulmädchen in Deutschland als eine Volksseuche bezeichnet und in den 1950er Jahren Unzucht mit Kindern als ein zeittypisches und weitverbreitetes Delikt angesehen. Parallel zu solchen Veröffentlichungen wurde insbesondere von männlichen Wissenschaftlern immer auch die Meinung vertreten, dass die Zahlen als übertrieben, Kinder in dieser Hinsicht als unglaubwürdig und die Täter als perverse Außenseiter zu betrachten seien. So schrieb im Jahr 1952 beispielsweise der renommierte Entwicklungspsychologe Hans Remplein (1952, 240 f.):

> »Welche Gefahr diese sexuellen Fantasien in sich bergen, zeigen die dabei immer wieder vorkommenden Fälle, in denen Erwachsene von halbwüchsigen Mädchen unzüchtiger Handlungen beschuldigt werden. Psychologisch lassen sich diese Fälle nur so verständlich machen, dass die betreffenden Mädchen ihre Opfer so lange in ihre Tagträume einspinnen, bis die Grenze zwischen Traum und Wirklichkeit zu fließen beginnt.«

Die im Jahr 2010 aufgedeckten »Missbrauchsskandale« und die vielen seitdem aufgedeckten Fälle wie der in Stauffen, in Münster, in Bergisch-Gladbach, in Lügde … haben endlich dazu geführt, dass in Deutschland den Betroffenen zugehört wird und sie an der Diskussion angemessen beteiligt werden. Seit dem »*Runde[n] Tisch Sexueller Kindesmissbrauch in Abhängigkeits- und Machtverhältnissen in privaten und öffentlichen Einrichtungen und im familiären Bereich*«, der im Jahr 2010 eingesetzt wurde und 2011 einen Maßnahmenkatalog beschloss, sind die Hilfen für die Betroffenen verbessert und Gesetze angepasst worden. Allerdings bestehen bis heute Lücken im Hilfenetz und viele der beschlossenen Maßnahmen sind nur teilweise umgesetzt worden. Im Juni 2021 hat sich der »Nationale Rat gegen sexuelle Gewalt an Kindern und Jugendlichen« deshalb darauf verständigt, weitere Maßnahmen zu ergreifen (Nationaler Rat 2021).

Erst nach den Missbrauchsskandalen im Jahr 2011 hat sich das Bundesministerium für Bildung und Forschung entschlossen, eine umfassende und interdisziplinäre Bildungslandschaft zu entwickeln. Bis dahin haben sich gerade die etablierten Forschungseinrichtungen sehr zurückgehalten. Die meisten Untersuchungen sind von außerhalb der Universitäten oder von Doktorand:innen geleistet worden. Sich der Erforschung sexueller Gewalt zu widmen, war sogar teilweise ein Hindernis für eine Karriere im Wissenschaftsbetrieb.

Zusammengefasst ergibt sich aus der (Forschungs-)Geschichte und der heutigen Diskussion folgende Situation:

Auf Versuche, sexualisierte Gewalt gegen Kinder zu problematisieren, folgte zumindest im 20. Jahrhundert stets der Versuch, ihre Realität zu leugnen. Dabei wurde immer auch die Glaubwürdigkeit der Kinder angezweifelt.

Bis heute wurde und wird sexualisierte Gewalt als ein besonderes Problem der Zeit hingestellt. Die historische Kontinuität wird kaum wahrgenommen.

Die Folgen für die Betroffenen standen lange Zeit, außer seitens der Frauen- und Kinderschutzbewegung, nicht im Fokus der Öffentlichkeit.

Die Wissenschaftler:innen, Psycholog:innen, Pädagog:innen, Mediziner:innen und Jurist:innen standen selten auf der Seite der Betroffenen. Meist waren sie damit beschäftigt, zu beweisen, dass die Betroffenen lügen, fantasieren oder »es« selbst wollten. Erst in den letzten Jahren hat sich dies gewandelt.

Die Erforschung von sexueller Gewalt in Deutschland ist durch ein Auf und Ab gekennzeichnet. Bis in die jüngste Vergangenheit hinein haben Wissenschaftler:innen meist bestehende gesellschaftliche Vorurteile verstärkt und die betroffenen Mädchen und Frauen und Jungen und Männer abgewertet. Erst als durch die Selbsthilfebewegung und die Frauenbewegung sexuelle Gewalt in den 70er und 80er Jahren zu einem öffentlichen Thema gemacht wurde, änderte sich die Situation. Fortan bemühten sich zumindest einzelne Forscher:innen, aufklärerisch zu wirken. Damit einhergehend veränderten sich die in den Studien eingesetzten Methoden. Beschränkten sich die Forscher:innen zuvor auf Aktenanalysen und die Auswertung von Gerichtsakten wurden jetzt die betroffenen Frauen und Männer selbst befragt. Ihre Sicht der Realität sexueller Gewalt wurde nach und nach zur wichtigsten Erkenntnisquelle.

Weiterführende Literatur

Borneman, Ernest 1978: Lexikon der Liebe. Materialien zur Sexualwissenschaft Band 3 (Frankfurt a. M., Ullstein).
DeMause, Lloyd 1980: Hört ihr die Kinder weinen. Frankfurt a. Main, Suhrkamp).
Hentig, v. Hans/Viernstein, Thomas 1925: Über den Inzest (Heidelberg, Carl Winters Universitätsbuchhandlung).
Lenzen, Dieter 1985: Mythologie der Kindheit (Reinbeck, Rowohlt).
Maisch, Herbert 1968: Inzest (Reinbek, Rowohlt).
Moll, Albert 1909: Das Sexualleben des Kindes (Berlin, Hermann Walther Verlagsbuchhandlung).
Nationaler Rat gegen sexuelle Gewalt an Kindern und Jugendlichen (2021): Gemeinsame Verständigung des Nationalen Rates gegen sexuelle Gewalt an Kinder und Jugendlichen. Herausgeber: Bundesministerium für Familie, Senioren, Frauen und Jugend und Unabhängiger Beauftragter für Fragen des sexuellen Kindesmissbrauchs (Berlin).
Remplein, Hans 1952: Die seelische Entwicklung in der Kindheit und Reifezeit (München, E. Reinhardt).
Rush, Florence 1985: Das bestgehütete Geheimnis: Sexueller Kindesmissbrauch (3. Aufl., Berlin, Sub Rosa).
Schwerhoff, Gerd 1991: Köln im Kreuzverhör. Kriminalität, Herrschaft und Gesellschaft in einer frühneuzeitlichen Stadt (Bonn, Bouvier).

Von niemandem gehört – Bericht einer Betroffenen

Sonja Howard

Ich bin 34 Jahre alt und Mutter von vier Kindern. Weil mir als Kind sexualisierte Gewalt angetan worden ist, bin ich seit 2015 Mitglied im Betroffenenrat bei der Unabhängigen Beauftragten für Fragen des sexuellen Kindesmissbrauchs (= UBSKM). Wie bei vielen anderen Betroffenen sexualisierter Gewalt widerfuhr mir sowohl psychische als auch körperliche Gewalt.

Als ich gerade einmal vier Jahre alt war, trat mein Stiefvater in mein Leben. Damit war der schöne Teil meiner Kindheit vom einen auf den andern Tag vorbei. Ich musste ihn »Papa« nennen und auf jeden Befehl hin freudig »Ja, Papa« rufen. Machte ich das nicht, musste ich es zehn Mal laut rufend wiederholen. Es war ein Drill, wie auf dem Kasernenhof. Rief ich nicht laut oder »freudig« genug, schlug er mir in den Magen. Für jede noch so kleine Verfehlung, flunkern oder vor dem Spiegel Grimassen schneiden, wurde ich mit einem Bambusstock oder wahlweise einer Reitgerte geschlagen. Eine meiner frühesten Erinnerungen ist es, mit ansehen zu müssen, wie meine Mutter gekrümmt und flehend auf dem Boden liegt, während er sie grün und blau geschlagen hat. Stundenlang hat er in regelrechten Tobsuchtsanfällen das ganze Haus zusammengeschrien. Oftmals durfte ich auch völlig übermüdet nicht ins Bett und musste die Streite meiner Eltern mit ansehen. Um es ganz klar zu formulieren: Es ging nicht um eine körperliche Erziehungsmethode, die ja bis 2000 erlaubt war. Wir reden nicht von einer Ohrfeige hin und wieder. Es geht vielmehr um Schläge mit Ruten, Bambusstöcken, Reitgerten!

In den nächsten Jahren wuchs unsere Familie und es kamen vier Geschwister dazu. Auch ihnen widerfuhr schwere körperliche und psychische Gewalt. Die Gewalt, die mein Stiefvater anwandte, nannte er verharmlosend »Züchtigungen«. Er erklärte uns, dass dies Gottes Wille sei, damit wir gerettet werden und nicht in die Hölle kommen. Er war Pastor seiner selbst gegründeten Freikirche und behauptete, er allein sei in der Lage, Gottes Wort richtig auszulegen. Niemand aus der Gemeinde hat ihn je offen in Frage gestellt, die meisten Menschen hatten wohl einfach Angst vor ihm.

Das, was Kindern vorgelebt wird, ist ihre Normalität. Und so war der Missbrauch, der Terror, das ständige Aushalten, dass alle meine Grenzen nahezu jeden Tag überschritten wurden, meine Normalität. Ich hatte keine Widerworte zu geben, durfte nicht selbständig denken, hatte mich als Kind meinen Eltern und als Frau sowieso immer einem Mann unterzuordnen.

Ich bin die perfekte Fallstudie für ein Kind, dem sexualisierte Gewalt und andere Gewaltformen widerfahren sind. Denn von der liebenswürdigen, immer lachenden Einser-Schülerin, die vorbildlich empathisch mit ihren Mitschülern umging, bis hin zur rebellischen Sechser-Kandidatin, die die Schule geschwänzt und geklaut hat, habe ich alles mitgemacht. Immer begleitet von Lehrpersonal und sonstigen Umstehenden, die – bis auf eine Ausnahme – nie das Gespräch mit mir gesucht haben. Letzteres ist eine Erfahrung, die leider auch heute immer noch viel zu viele Mädchen und Jungen machen müssen.

Im Alter von zehn Jahren habe ich all meinen Mut zusammen genommen und bin zur Polizei gegangen. Dort erzählte ich von dem Psychoterror, von der fast täglichen körperlichen Gewalt, von der Angst vor meinem Stiefvater ... und wurde nach Aufnahme meiner Anzeige einfach wieder nach Hause geschickt!

Man muss sich das einmal ganz konkret vorstellen: Ein junges Mädchen nimmt all seinen Mut zusammen, geht allein in ein Polizeigebäude, erzählt tapfer, was ihr auf der Seele brennt und beantwortet alle Fragen. Und dann ist da kein Erwachsener, der es unterstützt und mit ihm gemeinsam über alles Weitere, z. B. einen sicheren Ort in einer Pflegefamilie, spricht. Nein, es wird zwar aus der Polizeistation hinausbegleitet, doch dann steht es allein auf der Straße. Ich weiß bis heute nicht, was aus meiner Anzeige geworden ist. Im Betroffenenrat bei der UBSKM setze ich mich deshalb ganz besonders dafür ein, dass das Wissen über sexualisierte Gewalt in allen Institutionen zunimmt. Unser gemeinsames Ziel muss es sein, dass möglichst kein Kind mehr solche Erfahrungen machen muss und falls doch, dass dann das staatliche Hilfesystem auch tatsächlich hilft.

Dass andauernde Stresshormon-Ausschüttung toxisch auf die kindliche Gehirnentwicklung wirkt, dass man unter Stress schlechter lernen kann, sich nicht erholen kann und die dafür zuständigen Gehirnareale regelrecht unterentwickelt bleiben – all das ist wissenschaftlich längst erwiesen. Wie aber fühlt es sich an, so etwas selbst zu erleiden?

Ich kann mich an keinen einzigen Tag in meiner Kindheit erinnern, an dem ich keine Angst hatte. Jeden Morgen wachte ich mit einem Knoten in meinem Bauch und Herzrasen auf. Übelkeit war mein ständiger Begleiter. Ich war immer auf der Hut, habe irgendwann gelernt, jede noch so kleine Nuance in der Mimik und Gestik meines Stiefvaters zu erkennen, zu lesen und mein Verhalten anzupassen. In der naiven Hoffnung, den nächsten Vorfall hinauszuzögern oder abzumildern. In der Fachliteratur bezeichnet man dieses Verhalten im Übrigen als »frozen watchfulness«. Man kann ein solches Verhalten eines Kindes mit Soldaten vergleichen, die gelernt haben, auf jedes noch so kleine Geräusch zu hören. Was ihnen im Krieg das Leben rettet, macht ihnen das Leben in der Normalität des Alltags zur Hölle.

Später musste ich es mir regelrecht abtrainieren, jede Stimmungsschwankung meiner Mitmenschen – und es sei nur ein entfernter Nachbar – auf mich selbst zu beziehen. Schaute jemand grimmig, fragte ich mich sofort: Was habe ich falsch gemacht? Mein Herz fing an zu rasen, ich bekam Atemnot, konnte mich nicht mehr konzentrieren. Ich lächelte betont freundlich – viel zu freundlich dafür, dass es nur ein entfernter Nachbar war. Es hat lange gedauert, nur diese eine Trauma-Reaktion zu bearbeiten und abzuschwächen. Dabei ist sie nur eine von Vielen – so viele, dass ich sie kaum zählen kann.

Damals dachte ich immer, meine Kindheit und Jugend seien das Schlimmste und wenn sie endlich einmal vorbei wären, dann wäre diese Hölle einfach vorbei. Doch als Erwachsene mit einer komplexen Posttraumatischen Belastungsstörung (PTBS) mit dissoziativer Störung zu leben, hat sich als beinahe noch schlimmer herausgestellt. Äußerlich sicher zu scheinen, während das Innere all die unzähligen Situationen wieder und wieder durchlebt. Panikattacken, Selbstzweifel, Angstzustände, Schlafstörungen, ganze Tage, in denen man »nicht richtig bei sich ist«. Jahrelang hat es mich beispielsweise mehrere Stunden innerer Vorbereitung gekostet, bis ich zum Telefonhörer greifen und ein Behördengespräch führen konnte. Die Kombination aus empfundener Autoritätsperson und einer zudem fremden, nicht einschätzbaren Person stellten mich vor ein schier unüberwindbares Hindernis.

Im Alter von 27 Jahren wurde ich in West-Jerusalem von einem streng religiösen Mann, den ich im Rahmen der Friedensarbeit kennengelernt hatte, sexuell belästigt. Die Tatsache, dass ich allein mit ihm in seinem Büro war, sah er offenbar als Einladung an. Aus dem Nichts fing er an, mich zu berühren, sich an mir zu reiben. Es war völlig surreal. Und obwohl ich zu dem Zeitpunkt bereits einige Jahre mit Menschen über mein Kindheitstrauma gesprochen hatte und schon Mitglied im Betroffenenrat der UBSKM war, trotz Therapien und theoretischem Wissen machte sich mein Körper selbständig und ... erstarrte. In meinem Kopf hämmerte es: »Los! Steh auf und geh! Sag was! Knall ihm eine!« Doch ich war wie gelähmt. Mein Körper fiel zurück in die Erstarrung des kleinen Mädchens von früher, das stumm alles über sich ergehen ließ, lassen musste. Wie ein Reh im Scheinwerferlicht. Absurderweise fragte mich der Mann, ob es mir gefalle und ob er weitermachen solle. Erst die direkte Ansprache gab mir die Kraft, klar und deutlich »Nein!« zu rufen. Daraufhin ließ er sofort von mir ab. Ich setzte mich wieder an den Schreibtisch und arbeitete weiter, als wäre nichts gewesen. Für Außenstehende, nicht-traumatisierte-Menschen ist dies eine unlogische, ja fast schon absurde Handlungsweise. Als eine meiner Freundinnen später versuchte, mit ihm über den Vorfall zu sprechen, führte der Mensch diesen Punkt in der Tat als Rechtfertigung an: »Was? Sie ist ja nicht gegangen, also kann es ja nicht schlimm gewesen sein?« Sehr viele Betroffene machen solche Erfahrungen. Dies wird als erhöhtes Reviktimisierungsrisiko bezeichnet.

Ich hoffe sehr, dass diese kurze Schilderung die Lesenden auch innehalten lässt und eine Antwort auf die ewig dröhnende Frage gibt, wieso Betroffene denn nicht »einfach« zur Polizei gehen, wieso sie sich nicht »einfach« sofort wehren, sich nicht »einfach« Hilfe holen. Dieses Verhalten wurde in der Kindheit erlernt. Der Missbrauch war so eingewoben in meinem Alltag, dass er so normal war, wie eine Toiletten-Pause. Danach macht man ja auch mit seinen Tätigkeiten weiter, ohne gleich einen Nervenzusammenbruch zu erleiden. Normalität ist eben keine Ausnahmesituation, das ist der Knackpunkt. Genau so wie früher tat ich, als sei nichts passiert und kehrte rein äußerlich zum Alltag zurück.

Was in den Wochen danach folgte, war Wut auf meinen Körper. Wut, dass ich in meiner Aufarbeitung nicht schon »weiter« gekommen war. Verzweiflung darüber, dass er mich im Stich gelassen hatte. Angst, dass ich den Opfer-Status niemals werde ablegen können. Denn was bereitet einen auf solche Situationen vor? Nichts.

Doch nicht nur das eigene Leben wird durch so ein Trauma oft unerträglich. Auch meine Kinder leiden darunter. Man kann sich noch so oft vornehmen, dass man alles besser macht. Stress, Überforderung und ein dauer-dissoziativer Zustand führten dazu, dass ich meine älteren Kinder damals manchmal nur verwaltete und nicht wirklich anwesend war.

Auch stellte ich irgendwann fest, dass ich z. B. schlecht trösten kann. Was besonders schlimm war, denn ich nahm dies ganz bewusst war. Als Kind war ich fast nie getröstet worden, sodass mir die Bedeutung tröstenden Zuspruchs bewusst war. Doch auch hier: Lähmung. Ein Kollege aus dem Betroffenenrat gab mir den entscheidenden Hinweis: »Lass mich raten, das Alter deiner Kinder, in dem du sie nicht mehr trösten kannst, deckt sich mit dem Alter, in dem ...?« Tatsächlich: Das war es! Während ich meine dauerschreienden Babys problemlos nächtelang liebevoll durch die Wohnung tragen konnte, nutzte sich diese Fähigkeit scheinbar schlagartig ab, sobald meine Kinder älter als vier Jahre wurden. Ich sprach mit meiner Therapeutin darüber und sie empfahl: »Fake it until you make it!« Ich sollte also einfach schauspielern und die Mutter-Rolle übernehmen. Das tun, wovon ich rational wusste, dass es das Richtige ist, auch wenn es sich falsch anfühlt. Und das tat ich. Viele Jahre tröstete ich meine Kinder als Schauspielerin. Ist das nicht traurig? Weil mein eigener Schmerz, meine eigenen Tränen über so viele Jahre nicht nur nicht ernst genommen wurden, sondern mir sogar selbst die Schuld an meinem Leid gegeben wurde.

Ich halte es deshalb auch für dringend erforderlich, dass den betroffenen Frauen bereits während der Schwangerschaft und nach der Geburt angemessene Hilfsangebote gemacht werden – allerdings muss dabei aufgepasst werden, dass wir dadurch nicht diskriminiert werden.

Auch das ist eine weitere Perfidität frühkindlicher Gewalt. Dass so viele Kinder in dem Glauben aufwachsen, es sei alles ihre Schuld. Mit ihnen würde etwas nicht stimmen, sie seien einfach zu rebellisch, zu ungehorsam – oder zu verführerisch und frühreif.

Viele Menschen gingen dementsprechend mit mir als Mädchen um:

In der Grundschule wurde ich beispielsweise einmal im Schwimmunterricht auf die rot-violetten Striemen auf meinen Oberschenkeln angesprochen. Meine damalige Klassenlehrerin nahm mich zur Seite, allerdings vor den Augen meiner Klassenkamerad:innen. Es war deshalb nicht möglich, sich ihr anzuvertrauen. Leider hat sie es danach nicht mehr versucht.

Als ich mich im Alter von acht Jahren einmal der Mutter einer Freundin anvertraute, saß sie mir weinend gegenüber und teilte mir mit, dass sie das alles ganz schrecklich fände, sie mir aber leider nicht helfen könne.

In der Mittelstufe war ich verhaltensauffällig, schwänzte oft, war gedanklich im Unterricht abwesend. Mein Klassenlehrer bat deshalb meine Eltern zu einem Gespräch in die Schule und zählte alle meine Verfehlungen auf. Mein Stiefvater zeigte sich fassungslos, meine Mutter weinte vor Verzweiflung über ihre scheinbar grundlos rebellische Tochter. Und der Lehrer hatte keine Ahnung, was mich zu Hause erwarten würde.

Als ich damals, im Alter von gerade einmal zehn Jahren allein zur Polizei ging, war mir der sexuelle Missbrauch gar nicht als solcher bewusst, sondern nur die körperlichen Grausamkeiten.

Ohne Unterstützung, ohne eine Sozialarbeiterin, die sich um mich kümmerte, oder gar eine dringend notwendige Inobhutnahme wurde ich einfach wieder nach Hause geschickt.

Besonders unverständlich ist dies, da über die Jahre immer wieder von Babysittern oder Nachbarn Meldungen ans Jugendamt getätigt wurden. Unsere Familie war jedenfalls aktenkundig. Da saßen dann Sozialarbeiter in unserem Wohnzimmer, wir durften

Klavier spielen und etwas vorsingen, wir wurden vor dem Täter befragt, ob es uns gut ginge, was wir natürlich vermeintlich freudestrahlend bejahten. Was sonst hätten wir tun sollen?

Nachdem also mehrere Jugendamts-Mitarbeiter, Nachbarn, Babysitter, Gemeindemitglieder und sogar die Polizei das Offensichtliche nicht sehen wollten, habe auch ich mich irgendwann meinem Schicksal gefügt und das Leid, das mir angetan wurde, nicht mehr hinterfragt. Habe nicht mehr rebelliert, habe meine aufgezwungene Realität akzeptiert und mich dem gefügt, was sowieso nicht zu verhindern war.

Jahre später wurde mir in dem Strafverfahren gegen meinen Stiefvater genau das zum Vorwurf gemacht: Ich hätte mich ab meinem vierzehnten Lebensjahr ja nicht gewehrt. Das hätte ich aber machen müssen. Somit war es keine Vergewaltigung, sondern nur der Missbrauch von Schutzbefohlenen. Ich hätte »Nein!« sagen können und müssen. Leider machen Betroffene bis heute solche Erfahrungen. Hier muss gegebenenfalls der Gesetzgeber handeln, um einen anderen Umgang mit Betroffenen zu gewährleisten.

Wenn Staat und Gesellschaft Betroffene zunächst im Stich lassen und sie anschließend auch noch dafür verantwortlich machen, dass sie im Stich gelassen worden sind, dann re-traumatisiert das in einem Maße, dass es einen schier innerlich zerreißt. Auch für dieses Erlebnis war ein monatelanger Aufarbeitungs- und Heilungsprozess nötig.

Es passt zu unserem Rechtsverständnis, nicht jedoch zu dem der Gesellschaft, dass mein Stiefvater für seine Verbrechen, die nicht nur meine Kindheit und Jugend zerstört haben, lediglich zwei Jahre auf Bewährung bekam. Gleichzeitig werden Menschen für wiederholtes Schwarzfahren oder weil sie Geldstrafen nicht abzahlen können, ins Gefängnis gesteckt. Dieses Rechtsverständnis schürt natürlich die Selbstzweifel bei Betroffenen. In meinem Fall wurde das Urteil höchstrichterlich bestätigt. Es ist dies wie ein weiterer Schlag ins Gesicht: »Das war doch alles gar nicht so schlimm.« Doch das war es, und es verfolgt mich mein ganzes Leben lang.

In diesem Zusammenhang muss man auch die Folgen der Traumatisierung beachten, die über das rein Psychische hinausgehen. Der zentrale Begriff hierfür lautet Posttraumatische Belastungsstörung (= PTBS), wobei ich der Auffassung bin, dass der Begriff Störung unpassend ist. Denn Posttraumatische Belastungen sind keine psychischen Störungen. Vielmehr sind diese Symptome eine geradezu notwendige und daher auch normale Reaktion des Körpers und der Seele auf höchst verstörende Erlebnisse. Und auch wenn solche Belastungserscheinungen ihren Ursprung im Gehirn haben, möchte ich den Blick auf scheinbar rein körperliche Erkrankungen lenken, die auf den ersten Blick nichts mit Traumata zu tun haben.

In den USA wurde 1998 von der Bundesbehörde Centers of Disease Control and Prevention (= CDC) in Zusammenarbeit mit einer Krankenkasse ein relativ einfacher Katalog aus zehn Fragen, wie z. B. »Mussten Sie in Ihrer Kindheit mit ansehen, wie Gewalt gegen ein anderes Familienmitglied ausgeübt wurde?«, entwickelt. Damit kann der Grad der individuellen Belastungen durch eine Skala von 0–10 Punkten bestimmt werden. Mein persönlicher ACE-Wert liegt bei sieben Punkten.

Ab einem Wert von mehr als vier Punkten wird die Belastung für die Betroffenen auch physisch gefährlich. D. h., die Gefahr, bspw. an einem koronaren Herzleiden zu erkranken oder einen Schlaganfall zu bekommen, ist deutlich erhöht. Und die Wahrscheinlichkeit einer Autoimmunerkrankung steigt um 80 % an, ebenso erhöhen sich die Chancen, Krebs, Diabetes oder rheumatische Arthritis zu entwickeln. Und das ist nur ein kleiner Auszug möglicher physischer Folgeerkrankungen!

Zugleich sinken aber auch die Chancen, auf dem Arbeitsmarkt Fuß zu fassen, finanzielle Stabilität zu erlangen, soziale Kontakte zu knüpfen und zu pflegen – all das, was für einen durchschnittlichen Menschen ein Leben lebenswert macht, ist für Betroffene von Gewalt in der Kindheit ein oft unerreichbares Ziel.

Um es allgemein auszudrücken: Es gibt kaum einen Lebensbereich, der nicht von den Folgen von Gewalt und Missbrauch beeinflusst wird. Selbst Partnerschaften können kompliziert werden. Wenn ein Streit nicht einfach nur ein Missverständnis ist, sondern eine Trauma-Reaktion hervorruft, mit der weder die Betroffenen noch deren Partner:in umgehen können. Auch meine Partnerschaften haben in verschiedener Hinsicht vielfach massiv unter meinem Trauma leiden müssen.

Ich erinnere mich gut an meine erste Beziehung nach meiner Flucht von Zuhause. Meine Über-Reaktionen bei Streitigkeiten rührten daher, dass ich getriggert wurde. Damals wusste ich noch nicht einmal, was ein Trigger ist! Ich konnte es mir nicht selbst erklären, wie hätte ich es meinem Partner erklären sollen? Viele Frauen berichten darüber, dass sie z. B. auch bei gynäkologischen Untersuchungen erstarren, da sie die Situation an traumatische Erlebnisse erinnert.

Wie viele Menschen gibt es wohl in unserer Gesellschaft, die nie über das sprechen konnten, was ihnen angetan wurde? Die das Gefühl entwickeln, dass mit ihnen »irgendwas nicht stimmt«. Dass sie komisch oder beziehungsunfähig sind. Solche Gefühle werden oftmals durch die Umwelt bestätigt und dadurch verstärkt. Und so geht die Spirale des Alleinseins immer weiter. Für allzu viele endet dieser Teufelskreis nie.

Als Gesellschaft sind wir noch weit davon entfernt, mit dieser unbequemen Realität von Missbrauch und Gewalt angemessen umzugehen. Es fehlt an Sensibilisierung und Verständnis. Zu oft sind es die Medienskandale, die kurz für Entsetzen sorgen. Doch meist zieht man sich dann doch schnell wieder in die eigene Komfortzone zurück, denn zum Glück sind die tragischen Fälle weit weg. Oder doch nicht? Die meisten von uns kennen Betroffene – bewusst oder unbewusst. Betroffene sind Studierende, Reinigungskräfte, sitzen an der Kasse, am Bankschalter, in Vorständen. Sie sind in der Politik, in Schulen, Kindergärten, auf der Baustelle. Und im Haus nebenan. In irgendeiner Form beggegnet uns das Trauma ständig.

Oprah Winfrey hat ihr gemeinsam mit dem renommierten Kindheitsforscher Bruce Perry verfasstes Buch über Kindheitstraumata aus gutem Gund »What happend to you?« genannt, also »Was ist dir passiert?« und nicht »Was ist mit dir los?« Diesen Ansatz wünsche ich mir für unsere Gesellschaft: Weniger Vorverurteilungen, mehr Information und Wissen, mehr Empathie und ein mitfühlender Blick auf die Menschen. Ein stiller Mensch hat meist gute Gründe, still zu sein und kann nicht einfach so aus sich herausgehen. Ein ruppiger Mensch hat vielleicht früh gelernt, niemanden an sich heranzulassen, weil das seine einzige Form von Selbstschutz war und der Mensch, der andere immer runterzuziehen scheint, ist vielleicht schon seit seiner Kindheit eben dort – ganz unten.

Mit einem selbstverständlicheren Umgang mit all diesen Themen, können wir nicht nur aktuell betroffene Kinder besser schützen, bei Kindeswohlgefährdungen gemeinsam beherzt eingreifen und Prävention effektiver in den Köpfen verankern. Wir können auch ein Umfeld für erwachsene Betroffene schaffen, in dem es sicher ist, sich zu öffnen. Wo das Sprechen über Traumata immer mehr zur Normalität wird. In dem Freunde und Bekannte Hilfsangebote kennen und unterstützen können. Denn das Unaussprechliche auszusprechen, ist der erste Schritt zur Heilung. Wenn das Erfahrungswissen auch noch auf politischer und wissenschaftlicher Ebene völlig selbstverständlich mit einbezogen wird, so wie es z. B. im Betroffenenrat beim UBSKM der Fall ist und wie es in Sachverständigen-Anhörungen in den Landtagen und auch in Beiräten zu wissenschaftlichen Projekten und Studien immer mehr zur Normalität wird, dann findet auch die dringend notwendige, gesellschaftliche Integration statt. Weg vom Stigma des »Opfers«, über das man nur hinter vorgehaltener Hand spricht. Hin zu: »Dir ist sowas also auch passiert. Es ist gut, dass du nicht mehr schweigst, denn so hilfst du auch anderen Betroffenen.«

Verwundete Kinderseelen: Sexueller Missbrauch und seine verheerenden Auswirkungen

Katharina Anna Fuchs

Sicherlich fragen sich viele Menschen, weshalb Betroffene von sexuellem Missbrauch bzw. sexualisierter Gewalt oft jahre-, jahrzehnte- oder gar ein Leben lang nicht über das Erlebte sprechen können oder möchten. Nach wie vor herrscht in der Gesellschaft der Glaube vor, Betroffene würden über das Erlebte hinwegkommen, es mit der Zeit vergessen. Schließlich habe sich der Missbrauch bereits im Kindes- oder Jugendalter zugetragen, zudem treten die Folgen des sexuellen Missbrauchs nicht offensichtlich und nicht unmittelbar zutage. Frei nach dem Motto: »Man sieht ihm/ihr nichts an« bzw. »Die Zeit heilt alle Wunden«. Dass dem nicht so ist, wurde über die Jahrzehnte hinweg durch zahlreiche Studien sowie Aussagen von Betroffenen, unmissverständlich belegt.

Aus unzähligen internationalen Studien und Statistiken (u. a. der WHO) geht hervor, dass die meisten Betroffenen weiblich sind (ca. 70–80 %) und rund jedes vierte bis fünfte Mädchen weltweit vor seinem 18. Lebensjahr sexuell missbraucht wird. Bei den Jungen ist weltweit etwa jeder Zehnte bis Zwölfte betroffen. Ferner sind Mädchen und Jungen mit einer körperlichen oder geistigen Beeinträchtigung oder Behinderung einem bis zu dreifach höherem Risiko ausgesetzt, sexuell missbraucht zu werden. Mädchen und Jungen, die sexuell missbraucht werden, finden sich in sämtlichen Kulturen und allen sozialen Schichten, wobei sie meist von Personen aus dem engen Familienkreis (ca. 25 %) missbraucht werden. Etwa die Hälfte der Betroffenen werden von Bekannten (z. B. Freunde der Familie) bzw. Personen missbraucht, die aus dem engeren Bekanntenkreis stammen (z. B. Lehrer:innen, Sporttrainer:innen, etc.), darunter auch andere Jugendliche.

Die Konsequenzen eines sexuellen Missbrauchs auf das weitere Leben und die Gesundheit der Betroffenen können gravierend sein und in Abhängigkeit von Alter und Geschlecht variieren. Auch die Dauer und Intensität des Missbrauchs, die Beziehung zum/r Täter:in, der Entwicklungstand des Kindes sowie dessen Persönlichkeit spielen ebenso eine wesentliche Rolle, wie die Tatsache, ob eine Behinderung vorliegt oder nicht. Darüber hinaus kommt einer möglichen Unterstützung die das Kind aus seinem sozialen Umfeld erhält, eine wichtige Bedeutung zu. D. h., dass jede/r seine/ihre individuelle Missbrauchsgeschichte hat und mögliche Folgen von Person zu Person variieren können.

Zudem ist es wichtig, sich von dem Gedanken zu lösen, sexueller Missbrauch liege nur bei direktem Körperkontakt, wie z. B. Penetration oder Anfassen, vor und könne nur in diesen Fällen schwerwiegende Folgen nach sich ziehen. Sexueller Missbrauch von Kindern und Jugendlichen kann auch ohne direkten Körperkontakt (z. B. Exhibitionismus) bzw. über weite Distanzen hinweg mittels digitaler oder sozialer Medien geschehen. Beispielhaft anzuführen sind Missbrauchsdarstellungen von Minderjährigen, die umgangssprachlich häufig als Kinderpornografie bezeichnet werden oder aber *Cybergrooming*, welches das strategische Annäherungsverhalten im Internet meint. Ebenfalls weit verbreitet ist das sogenannte *Sexting*, bei dem es um das Versenden bzw. Weiterleiten sexualisierter oder erotischer Kurznachrichten, Fotos oder Videos geht. Die Auswirkungen derartiger Missbrauchserfahrungen können genauso verheerend sein wie bei Missbrauch mit direktem Körperkontakt. Dies gilt insbesondere, weil einmal im Internet gepostete, versandte oder hochgeladene Nachrichten, Fotos und Videos leicht kopiert und weiterverbreitet werden können, wodurch Betroffene oft monate- und jahrelange regelmäßig mit diesen konfrontiert und z. T. auch erpresst werden, was wiederum ihr Leiden verstärkt.

Mögliche Folgen von sexuellem Missbrauch im Kindes- und Jugendalter

Bei sexuellem Missbrauch von Kindern und Jugendlichen ist stets der Missbrauch von Macht und Vertrauen mitzudenken. Macht, da die missbrauchende Person älter, größer und stärker ist bzw. eine bestimmte Position und Autorität innehat, die ihr Macht und Ansehen verleiht. Vertrauen, da es sich in der Regel um eine Person aus dem unmittelbaren sozialen Umfeld der Betroffenen handelt, zu der ein Vertrauensverhältnis besteht. Aus diesem Grund ist es nicht verwunderlich, dass sich zahlreiche Betroffene unzulänglich und machtlos gegenüber dem/r Täter:in bzw. der Situation fühlen und einen großen Vertrauensverlust in andere Menschen erleiden.

Darüber hinaus kann sexueller Missbrauch in diesem Alter eine Reihe negativer Konsequenzen nach sich ziehen, die sich nachhaltig auf die soziale und sexuelle Entwicklung, das Gefühls- und Sozialleben, die schulischen bzw. berufliche Leistungen, das Verhalten ganz allgemein, die physische und psychische Gesundheit sowie in einigen Fällen auch auf den Glauben der Betroffenen auswirken können.

Emotionale und psychosoziale Folgen

Obwohl sie keinerlei Schuld und Verantwortung tragen, schämen sich Betroffene für das, was ihnen, ihrem Körper und ihrer Seele widerfahren ist. Sie fühlen sich vielfach verantwortlich, beschmutzt und in ihrer Integrität verletzt. Gefühle der Scham, Schuld und Angst werden nicht selten durch manipulative oder bedrohliche Aussagen des/r Täters/in verstärkt (z. B.: »Du wolltest es doch auch!«»Das bleibt unser Geheimnis, wage nicht, mit jemand anderem darüber zu reden.«). Viele Betroffene sind daher sogar der Meinung, sie allein seien schuld an ihrer Situation, hätten gar den sexuellen Übergriff genossen oder diesen bewusst herbeigeführt. Hinzu kommen oft Gefühle wie Einsamkeit, Wut, Ekel, und Traurigkeit angesichts des Erlebten und der ausweglos-scheinenden Situation. Einige Betroffene ziehen sich in dieser Situation zurück oder isolieren sich gänzlich. Gerade die Scham- und Schuldgefühle verstärken das Rückzugsverhalten sowie das Schweigen und erschweren somit ein Durchbrechen des Teufelskreises. Das Schweigen über das Erlebte erlaubt es wiederum den Tätern:innen, weiterhin Macht auszuüben und Einfluss auf das Leben und Verhalten der Betroffenen zu nehmen – sei es direkt, sollte der Missbrauch weitergehen oder der/die Täter:in weiterhin im Leben des/der Betroffenen bzw. im Internet präsent sein, oder indirekt über Erinnerungen, Gedanken und Gefühle.

Folgen auf Verhaltensebene

Wie sich sexueller Missbrauch auf das Verhalten auswirkt, hängt u. a. von der Persönlichkeit sowie vom Alter des/der Betroffenen zum Zeitpunkt des Missbrauchs ab. Kleinere Kinder haben häufig Einschlafprobleme oder werden von Alpträumen geplagt. Sie zeigen Veränderungen im Appetit, indem sie bspw. mehr als gewöhnlich essen oder keinen Hunger mehr haben. Sie reagieren verängstigt auf Berührungen oder beginnen nachts wieder einzunässen. Auch nicht-altersgemäßes sexualisiertes Verhalten kann zu Tage treten. Ältere Kinder und Jugendliche reagieren häufig aggressiv oder sie ziehen sich zurück und pflegen ihre Freundschaften und/ oder Hobbies nicht mehr. Ferner kann es zu einem Einbruch der schulischen Leistungen kommen. Ähnlich wie bei kleineren Kindern können auch sie mit Schlafproblemen und Alpträumen zu kämpfen haben oder reagieren erschrocken und abweisend auf körperliche Nähe und Berührungen. Darüber hinaus versuchen sie, sich häufig so unauffällig wie möglich zu verhalten und bleiben dabei stets in Alarmbereitschaft, um sich somit vor weiteren Übergriffen zu schützen.

Physische Konsequenzen

Sexueller Missbrauch, der mit Penetration einhergeht, kann zur Ansteckung mit sexuell übertragbaren Krankheiten bzw. bei jungen Mädchen zur Schwangerschaft führen. Darüber hinaus sind Verletzungen und Wunden bis hin zur Verstümmelung des Genital- oder Analbereichs anzuführen. Langfristig haben – insbesondere weibliche – Betroffene des Öfteren mit gastrointestinalen oder gynäkologischen Erkrankungen bzw. psychosomatischen Beschwerden zu kämpfen. Diese äußern sich z. B. durch diffuse Schmerzsymptome, Probleme mit dem Gedächtnis oder der Emotionsregulation. Diverse Studien bei Personen mit sexuellen Missbrauchserfahrungen in Kindheit oder Jugend konnten ein geschwächtes Immunsystem sowie eine höhere Wahrscheinlichkeit für andere gesundheitliche Probleme bis hin zu schweren Erkrankungen nachweisen (z. B. Tumorerkrankungen, Diabetes Mellitus, Übergewicht, Herzerkrankungen oder ein erhöhtes Risiko für einen Schlaganfall). Oft waren diese von den Betroffenen selbst durch gesundheitsschädliche Verhaltensweisen, welche als sogenannte *Coping*-Strategien, also Verhaltensweisen zur individuellen Bewältigung des Erlebten, dienten, gefördert worden.

Auswirkungen auf die psychische Gesundheit

Auch auf psychischer Ebene kann sexueller Missbrauch traumatisierende Auswirkungen haben und nicht selten zu einer sogenannten Trauma- und belastungsbezogenen Störung führen – gemäß den gängigen Klassifikationssystemen. Unmittelbar nach einem potenziell traumatischen Erlebnis kann z. B. eine akute Belastungsstörung auftreten, mittel- und langfristig eine Posttraumatische Belastungsstörung. Vereinfacht gesagt, wird eine Posttraumatische Belastungsstörung durch das Erleben bzw. die Zeugenschaft eines traumatischen Ereignisses ausgelöst und führt zu einem Wiedererleben (emotional, kognitiv, physiologisch) der Ereignisse – etwa durch belastende Träume oder wiederkehrende Erinnerungen. Als Konsequenz werden Reize, die mit dem traumatischen Ereignis verbunden sind (z. B. Aktivitäten, Orte, Personen oder Situationen), vermieden. Darüber hinaus können bspw. anhaltende negative Emotionen, Interessensverlust oder sogar ein Gedächtnisverlust bzgl. der Missbrauchserfahrungen auftreten. Auch eine erhöhte Erregung, die sich meist durch übertriebene Schreckreaktionen, übermäßige Wachsamkeit, Irritierbarkeit und Konzentrationsstörungen äußert, ist typisch für eine Posttraumatische Belastungsstörung.

Ferner geht sexueller Missbrauch mit einer erhöhten Wahrscheinlichkeit für andere psychische Erkrankungen einher. Beispielhaft anzuführen sind affektive Störungen (z. B. Depressionen), Angststörungen, Schlafstörungen, Essstörungen, sexuelle Störungen, dissoziatives Verhalten, um Unerträgliches auszublenden oder Substanzmissbrauch (z. B. Alkohol, Drogen, Medikamente). Des Öfteren verletzen sich Betroffene auch selbst, um für einige Zeit den unsichtbaren seelischen Schmerz durch körperlichen zu ersetzen, Spannung abzubauen und Gefühle zu kontrollieren. Diese Verhaltensweisen weisen die Betroffenen vielfach auf, oder auch, um sich selbst zu spüren und zu realisieren, dass sie noch am Leben sind – auch wenn es für viele Betroffene mehr ein Existieren und Überleben ist. Einige Betroffene haben auch Suizidgedanken oder unternehmen sogar Suizidversuche, da sie mit der Last nicht mehr weiterleben können bzw. möchten. Derartige Gedanken können durch eine schwere Depression noch verstärkt werden.

Auswirkungen auf den Glauben

Missbrauch im kirchlichen Kontext, z. B. durch einen Priester oder eine/-n Mitarbeiter/-In im kirchlichen Dienst, kann sich auch auf die Gottesbeziehung, die Entwicklung des Glaubens und das Glaubensleben der Betroffenen auswirken. So stellen Glaube und Gebet oftmals keine Stütze oder Quelle der Hoffnung mehr dar, oder Gott wird negativ und kritisch konnotiert. In den Augen der Kinder verwandelt sich das Gottesbild von einem liebenden und Trost spendenden Gott in einen bösen Gott, der den Missbrauch zugelassen und nicht eingegriffen hat. Gläubig erzogene Kinder und Jugendliche suchen auch in diesem Kontext die Schuld bei sich und fürchten, eine nicht-vergebbare Sünde begangen zu haben oder auf ewig verdammt zu sein. Diese Schuldgefühle halten oft bis in das Erwachsenenalter an.

Auch wenn nicht jede/r alle Folgeerscheinungen aufweist, ist es nicht schwer, sich auszumalen, was bereits wenige dieser Konsequenzen für das Leben von sexuell missbrauchten Kindern und Jugendlichen, deren Entwicklung und Gesundheit bedeuten können – vor allem, wenn sie keine oder nicht rechtzeitig Hilfe und Unterstützung erhalten.

Die Rolle des sozialen Umfeldes bei der Aufdeckung sowie als Schutzfaktor

Vor diesem Hintergrund stellt sich die Frage, ob schwerwiegende Konsequenzen nach sexualisierten Gewalterfahrungen überhaupt vermieden werden können. Die gute Nachricht lautet, ja. Nicht alle Betroffenen entwickeln nach sexualisierten Gewalterfahrungen chronische Beeinträchtigungen. Im Fachjargon wird in diesem Kontext von Resilienz gesprochen. Vereinfacht gesagt, handelt es sich dabei um die Fähigkeit, auf belastende bzw. potentiell traumatisierende Ereignisse oder schwierige Lebenssituationen auf konstruktive Weise zu reagieren und adaptiv mit Stress auslösenden Reizen umzugehen. Je nach Studie schwanken die Zahlen bzgl. der Betroffenen, die nach sexualisierten Gewalterfahrungen resilientes Verhalten zeigen, zwischen 10 % und 50 %. Schutzfaktoren seitens des Kindes sind bspw. die Fähigkeit, Emotionen zu regulieren, die Schuld für das Erlebte nicht bei sich selbst zu suchen, sowie soziale Integration oder aber ein gesundes Selbstwertgefühl.

Des Weiteren konnte der positive Effekt eines unterstützenden sozialen Umfeldes nach traumatischen Erlebnissen schon vielfach zweifelsfrei nachgewiesen werden. Das bedeutet, dass Betroffene, die sich bspw. nach einem Missbrauch relativ rasch jemanden aus dem eigenen sozialen Umfeld anvertrauen können und konkrete Unterstützung erhalten, eine geringe Wahrscheinlichkeit aufweisen, schwerwiegende Folgen davonzutragen. Bei Kindern spielt hierbei die Beziehung, die sie zu ihren Eltern bzw. einem Elternteil haben, eine zentrale Rolle. Basiert diese Beziehung auf gegenseitigem Vertrauen, können sich betroffene Kinder ihren Eltern anvertrauen und diese versuchen wiederum, so schnell wie möglich zu helfen. Dasselbe gilt auch bei anderen nahestehenden Familienmitgliedern oder engen Bezugspersonen im Allgemeinen. Geschieht der Missbrauch im familiären Kontext – was bei einem großen Prozentsatz des sexuellen Missbrauchs von Kindern und Jugendlichen der Fall ist – können bspw. Lehrer, Freunde oder andere Erwachsene diese Rolle einnehmen und weitere notwendige Schritte, die der Unterstützung der Betroffenen dienen, z. B. durch das Hinzuziehen von Experten, einleiten. Generell gilt, je eher ein Mädchen oder Junge über das Erlebte sprechen kann und (professionelle) Hilfe bekommt (z. B. Psychotherapie), desto geringer ist die Wahrscheinlichkeit für dauerhafte Folgeerscheinungen. Nach derzeitigem Forschungstand ist davon auszugehen, dass ein Großteil der Betroffenen es geschafft hat, über das Erlebte zu sprechen, dies jedoch erst im Erwachsenenalter tat. Ebenso ist die Wahrscheinlichkeit der Aufdeckung bei Mädchen und Frauen generell höher, als bei Jungen und Männern. Dies mag verschiedene Gründe und Ursachen haben, die erst untersucht werden müssen. Die möglichen Gründe reichen von der Angst vor Schuldvorwürfen und der Stigmatisierung als Opfer, über ein spezifisches Geschlechterrollen-Verständnis, bis hin zur Angst, als homosexuell »abgestempelt« zu werden, wenn es sich um einen männlichen Täter handelt, oder aber lächerlich und unglaubhaft zu wirken, sollte eine Frau den sexuellen Übergriff begangenen haben. Im Falle von intrafamiliärem Missbrauch kommen meist noch ambivalente Gefühle gegenüber dem/r Täter:in sowie die Angst hinzu, Schande über die Familie zu bringen oder die Familie zu zerstören. Darüber hinaus war und ist es für Betroffene deutlich schwerer, über das Erlebte zu sprechen, wenn es sich um Täterinnen handelt, da sie überzeugt sind, dass ihnen in diesem Falle erst recht niemand Glauben schenken würde, wenn sie eine Frau des sexuellen Missbrauchs beschuldigen würden. Ähnlich verhält es sich im Falle von männlichen Tätern mit hoher Autorität bzw. großem Ansehen. Dies lässt sich v. a. in Fällen von sexualisierter Gewalt im institutionellen Kontext beobachten.

Sekundär Betroffene – das Leiden des sozialen Umfeldes

Eine weitere, lange vernachlässigte Art der Viktimisierung, sprich, wie Menschen zu Opfern bzw. Betroffenen werden, betrifft Personen aus dem sozialen Umfeld der primär Betroffenen. Durch Miterleben, Mitwissen oder Erfahren kann sogenannte sekundäre Viktimisierung entstehen. Betroffen hiervon sind Familienangehörige, Freunde oder Bekannte. Geschieht der Missbrauch in Institutionen, wie z. B. in einer Schule kann sich der Bereich der sekundär Betroffenen auf sämtliche Mitschüler, Eltern und Lehrer der Schule auswirken. In einigen Fällen können aber auch ganze Gesellschaftsgruppen eine sekundäre Viktimisierung erfahren, indem sie bspw. über Dritte oder durch die Medien informiert werden. Dies gilt bspw. bei Fällen, bei denen sich niemand vorstellen konnte, dass es in einer bestimmten Institution oder durch eine bestimmte Person/Personengruppe zu sexuellem Missbrauch kommen würde – z. B. aufgrund des guten Rufes und Ansehens, des Einflusses, des Charismas, der nach Außen zur Schau getragenen Wertvorstellungen und Verhaltensweisen, der hohen Identifikation mit der Institution oder Person, etc. Hierzu ließen sich zahlreiche prominente Beispiele staatlicher, privater oder kirchlicher Einrichtungen, ebenso wie die Film- und Musikindustrie oder der Sport anführen. Nicht selten haben in der Vergangenheit Enthüllungen und Aussagen das Weltbild vieler Menschen ins Wanken gebracht, nicht selten gingen dadurch Vertrauen in Institutionen und Personen zu Bruch.

Sekundär Betroffene können tatsächlich auch Symptome entwickeln, die denen von primär betroffenen Personen sehr ähnlich sind (z. B. Vertrauensverlust, Scham- und Schuldgefühle, Gefühle der Macht- und Hoffnungslosigkeit, bis hin zu Veränderungen im Verhalten). Auch psychische Probleme und Störungen, wie Angst, Depression oder Schlafstörungen, ja sogar Posttraumatische Belastungsstörungen lassen sich beobachten. Bislang gibt es nur wenig

Forschung, die sich mit den Auswirkungen auf das soziale Umfeld der primär Betroffenen beschäftigt. Daher ist es notwendig, die Forschung in diesem Bereich weiter voranzutreiben, um den Zusammenhang zwischen primärer und sekundärer Viktimisierung sowie die gegenseitige Beeinflussung, was den Heilungsprozess anbelangt, besser zu verstehen und letztlich auch sekundär Betroffenen die notwendige professionelle Hilfe (z. B. Beratung, Psychotherapie, Gruppentherapie) zur Verfügung zu stellen.

Fazit

Damit sexueller Missbrauch bzw. sexualisierte Gewalt gar nicht erst geschehen oder zumindest gestoppt werden kann und um das Risiko zu senken, dass die Betroffenen sowie ihr soziales Umfeld schwerwiegende Folgen davontragen, sind Präventions- und Interventionsmaßnahmen unverzichtbar. Diese müssen die digitale Welt systematisch miteinschließen und sich sowohl an Kinder als auch an Jugendliche sowie an Erwachsene, die direkt mit Kindern und/oder Jugendlichen zu tun haben (z. B. Eltern, Erziehungsberechtigte, Erwachsene, die mit Kindern und Jugendlichen arbeiten), richten. Darüber hinaus muss die Gesellschaft an sich miteinbezogen werden.

Die Annahme vieler Betroffener, etwas Derartiges sei nur ihnen passiert und sie selbst trügen die Schuld daran, ebenso wie die Überzeugung, dass ihnen niemand zuhören und glauben würde, hat in der Vergangenheit nicht nur zu unsäglichem Schmerz und Leid bei den Betroffenen, sondern häufig zu deren Reviktimisierung geführt, da sie wieder und wieder von derselben Person missbraucht wurden oder in andere missbräuchliche Beziehungen geraten sind. Auch trug nicht selten die mangelnde Bereitschaft, ihnen zuzuhören bzw. die Tatsache, dass sie als Lügner, Rufmörder, etc. dargestellt wurden, dazu bei, dass sich Betroffene erneut als Opfer fühlten.

Für Betroffene ist es besonders wichtig, dass sie über das Erlebte sprechen können, dass sie gehört werden und ihnen geglaubt wird. Im institutionellen Kontext hat sich der Aspekt, des Zuhörens, Glaubens und Anerkennens seitens der Verantwortungsträger als sehr bedeutsam für den Heilungsprozess von Betroffenen erwiesen. Daher gilt es, eine »Kultur des Hinsehens und Zuhörens« zu schaffen, die aufmerksam und sensibel gegenüber Missbrauchsdynamiken und Anzeichen von sexuellem Missbrauch bzw. sexualisierter Gewalt ist. Eine Kultur, die sich der z. T. schwerwiegenden Folgen bewusst ist, die sexueller Missbrauch sowohl für primär als auch für sekundär Betroffene haben kann. Eine Kultur, die das Thema in all seinen Facetten enttabuisiert und Betroffenen die Möglichkeit gibt, ihr Schweigen zu brechen und den Missbrauch aufzudecken.

Dies gelingt, indem immer mehr Menschen bereit sind, ihren persönlichen Beitrag zur Prävention von sexuellem Missbrauch an Kindern und Jugendlichen zu leisten und indem immer mehr interdisziplinärer, internationaler und multikultureller Austausch zu diesem Thema stattfindet. Nur so wird es möglich sein, die Welt und den digitalen Raum Schritt für Schritt zu einem sichereren Ort für Kinder und Jugendliche zu machen und den Betroffenen Heilung oder gar ein »neues, würdevolles« Leben zu ermöglichen.

Weiterführende Literatur

Bange, Dirk 2011: Eltern von sexuell missbrauchten Kindern (Göttingen, Hogrefe).
Davis, Laura 2011: Verbündete: Ein Handbuch für Partnerinnen und Partner von Überlebenden sexueller Gewalt (3. Aufl. Berlin, Orlanda Frauenverlag).
Kavemann, Barbara/Graf-van Kesteren, Annemarie/Rothkegel, Sybille/Nagel, Bianca 2015: Erinnern, Schweigen und Sprechen nach sexueller Gewalt in

der Kindheit. Ergebnisse einer Interviewstudie mit Frauen und Männern, die als Kind sexuelle Gewalt erlebt haben (Wiesbaden, Springer VS).

Herman, Judith 2018: Die Narben der Gewalt. Traumatische Erfahrungen verstehen und überwinden (5. Aufl. Paderborn, Junfermannsche Verlagsbuchhandlung).

von Weiler, Julia 2014: Im Netz – Kinder vor sexueller Gewalt schützen. Aktualisierte und erweiterte Neuausgabe (Freiburg i. Br. Herder).

Winter, Constanze 2015: Tausend Tode und ein Leben. Sexualisierte Gewalt gegen Kinder – Ursachen, Folgen und Therapie (Stuttgart, Kohlhammer).

Täter und Täterinnen: Fremde Vertraute – vertraute Fremde

Katharina Anna Fuchs

Rund um das Thema Missbrauchstäter ranken sich zahlreiche Fragen und Zweifel. Weshalb missbrauchen manche Erwachsene Kinder oder Jugendliche sexuell? Sind diese alle pädophil? Oder, was treibt sie sonst dazu an? Wie gehen sie vor? Sind alle Täter männlich oder gibt es auch Täterinnen? In welcher Beziehung stehen Täter:innen zu ihren Opfern? Fragen über Fragen.

Häufig haben Menschen, wenn sie an sexuellen Missbrauch eines Kindes denken, Filmszenen im Kopf, in denen ein Mädchen abends allein nach Hause läuft und von einem fremden Mann mittleren Alters verfolgt und in einen Hinterhof oder ein Gebüsch gezerrt wird. Diese Fälle gibt es tatsächlich, allerdings stellen sie eine Seltenheit dar. Ein Großteil der Täter ist seinen Opfern bekannt; es sind männliche Familienangehörige, in der Regel Vaterfiguren und Verwandte (z. B. Onkel, Cousin), oder nahe Bezugspersonen der Betroffenen, wie z. B. Freunde oder Nachbarn der Familie, Erzieher:innen, etc. Nach derzeitigem Stand der Forschung sind etwa 80 bis 90 % der Täter männlichen und 10–20 % weiblichen Geschlechts, weshalb von Tätern und Täterinnen gesprochen werden muss. Generell liegen jedoch noch verhältnismäßig wenige Studien und Statistiken zu Sexualstraftäterinnen vor. Dies hängt unter anderem damit zusammen, dass Frauen derartige Taten lange nicht zugetraut wurden, Aussagen von Betroffenen bagatellisiert und das Thema als solches tabuisiert oder gar geleugnet wurde. Aus diesem Grund ist mit einer hohen Dunkelziffer zu rechnen. Auch wäre es falsch anzunehmen, lediglich Erwachsene würden Kinder und Jugendliche sexuell missbrauchen: rund ein Drittel der Täter:innen, die durch sexuell grenzverletzendes oder sexuell übergriffiges Verhalten auffällig wurden, ist selbst noch minderjährig.

Grundsätzlich stammen Täter:innen aus allen gesellschaftlichen Schichten, wobei bestimmte Persönlichkeitsprofile und sexuelle Orientierungen mit einem höheren Risiko, Kinder und Jugendliche sexuell zu missbrauchen, verbunden sind. Auch konnte gezeigt werden, dass bestimmte Berufsfelder oder ehrenamtliche Tätigkeiten bestimmte Typen von Tätern:innen gewissermaßen anziehen, da ihnen dadurch die Nähe zu Kindern und Jugendlichen gesichert ist. Beispielhaft angeführt werden können folgende Tätigkeitsfelder: Lehrer:innen, Erzieher:innen, Kinderärzt:innen sowie im kirchlichen Kontext Pfarrer:innen, Katecheten:innen sowie allgemein Mitarbeiter:innen in der Kinder- und Jugendarbeit.

Die Motive von Täter:innen sind komplex, ebenso wie die zugrunde liegenden Persönlichkeitsstrukturen; dennoch muss sich die Gesellschaft der Faktoren bewusst sein, die bei Tätern:innen zur Tat führen können, um somit sexuellem Missbrauch von Kindern und Jugendlichen präventiv begegnen zu können.

Nicht alle Täter sind pädophil veranlagt

Regelmäßig fällt im Zusammenhang mit sexuellem Missbrauch von Kindern der Begriff *Pädophilie*. Insbesondere in internationalen Medien wird der Begriff oft undifferenziert in den Schlagzeilen benutzt. Doch nicht immer ist die Bezeichnung zutreffend und man sollte darauf achten, den Begriff differenziert und richtig anzuwenden. Sexueller Missbrauch von Kindern ist eine *Straftat*, aber keine *Diagnose*. Vereinfacht gesagt, bezeichnet *Pädophilie* eine sexuelle Präferenz für Kinder – Jungen oder Mädchen –, die sich in ihrer Entwicklung noch vor der Pubertät oder in einer frühen pubertären Phase befinden. Die Diagnose einer Pädophilie bzw. pädophilen Störung als Form einer Störung der Sexualpräferenz bzw. einer pädophilen Störung erfolgt gemäß der 10. Ausgabe der Klassifikationssysteme *Internationale statistische Klassifikation der Krankheiten und verwandter Gesundheitsprobleme* der WHO (= ICD-10) bzw. der 5. Ausgabe des *Diagnostic and Statistical Manual of Mental Disorders* (= DSM-5). Dabei müssen die Betroffenen über einen Zeitraum von mindestens sechs Monaten die allgemeinen Kriterien einer Störung der Sexualpräferenz bzw. paraphilen Störung aufweisen, mindestens 16 Jahre alt und zugleich mindestens fünf Jahre älter als das Kind sein, das das Ziel ihrer sexuellen Fantasien, Bedürfnisse oder Verhaltensweisen ist. Zudem muss die Präferenz anhaltend bzw. dominant sein und zu intensiven Handlungen führen; es kann auch sein, dass sich die Betroffenen durch ihre Orientierung beeinträchtigt fühlen.

Pädophil orientierte Menschen sind überwiegend männlich und können sich dabei ausschließlich von Kindern oder auch von Erwachsenen (nicht ausschließliche Form) angezogen fühlen. Einige Personen mit pädophiler Orientierung nehmen nur Kinder als anziehend wahr, die mit ihnen verwandt sind. Allgemein führt der Begriff Pädophilie häufig zu Verwirrung und Kritik. Der Begriff stammt aus dem Griechischen und bedeutet wörtlich übersetzt »Freundschaft/Liebe (*philía*) zu Kindern/Knaben (*paîs*)«. Heute geht der Begriff weit über seine ursprüngliche Bedeutung hinaus und bezieht sich nicht nur auf die Neigung an sich, sondern die tatsächlich ausgelebte Sexualität. Aufgrund verschiedener Missverständnisse und Fehlinterpretationen, die mit dem Begriff Pädophilie und seiner wörtlichen Auslegung entstanden sind, wird im deutschsprachigen Kontext seit den 1990er Jahren von *Pädosexualität* gesprochen, wenn es um sexuelle Handlungen an vorwiegend vorpubertären Kindern geht. Einen einheitlichen Sprachgebrauch gibt es noch nicht – weder in der internationalen Fachwelt, noch in der Öffentlichkeit. Umgangssprachlich wird häufig von pädophiler Neigung oder pädophiler Orientierung gesprochen. Im Zusammenhang mit sexuellem Missbrauch an Kindern, der – wie bereits erwähnt – eine Straftat darstellt, wird neben Pädosexualität auch der Begriff Pädokriminalität verwendet.

Auch wenn sie nicht Teil der offiziellen Klassifikationssysteme sind und somit nicht offiziell als Störungen der Sexualpräferenz bzw. Paraphilien bezeichnet werden können, gilt es in diesem Zusammenhang kurz einige weitere Formen der sexuellen Präferenz von Minderjährigen zu benennen, welche sexuellen Missbrauch bzw. sexualisierte Gewalt begünstigen können.

• *Pädohebephilie* bezieht sich auf Erwachsene, die sich sowohl zu vorpubertären als auch zu pubertären Kindern und Jugendlichen hingezogen fühlen.
• *Hebephilie* meint die sexuelle Präferenz eines Erwachsenen von pubertierenden Jungen und/oder Mädchen. Eine exakte Eingrenzung des Alters ist aufgrund der unterschiedlichen körperlichen und psychischen Entwicklung und des damit bedingten Beginns der Pubertät schwierig. Wichtig ist jedoch, dass der kindliche Körper bereits erste Geschlechtsmerkmale entwickelt hat.
• Der Begriff *Ephebophilie* bezieht sich auf die sexuelle Präferenz von ausschließlich männlichen Jugendlichen in der Pubertät. Zum Teil wird der Begriff auch für Jungen in der nachpubertären Phase verwendet.

- *Parthenophilie* meint die sexuelle Präferenz eines Erwachsenen von ausschließlich weiblichen Jugendlichen in der Pubertät. Auch dieser Begriff wird teilweise für Mädchen in der nachpubertären Phase verwendet.
- *Infantophilie* bedeutet sexuelle Vorliebe für sehr kleine Kinder; in der Regel unter drei Jahren.

Je nach Studie erfüllen »nur« zwischen einem Drittel und der Hälfte der Erwachsenen, die Kinder sexuell missbrauchen, die Diagnosekriterien einer Pädophilie als Störung der Sexualpräferenz. Oft liegen dabei auch andere psychische Störungen oder Persönlichkeitsstörungen komorbid vor. Ferner begehen nicht alle Personen, bei denen Pädophilie im klinischen Sinne diagnostiziert wird, oder die sich sexuell zu Kindern hingezogen fühlen, sexuelle Missbrauchshandlungen. Mittlerweile gibt es verschiedene professionelle Hilfsangebote, die auf »potenzielle Täter:innen« ausgerichtet sind, wie z. B. das 2011 gegründete Präventionsnetzwerk »Kein Täter werden«. Andere Gründe, weshalb manche Erwachsene Kinder sexuell missbrauchen, werden in den nachfolgenden Abschnitten erläutert. Dabei wird zwischen männlichen und weiblichen Tätern bzw. Täterinnen unterschieden. Diese Unterscheidung soll zum einen verdeutlichen, dass es auch Frauen gibt, die Kinder sexuell missbrauchen, zum anderen soll sie die unterschiedlichen Motive von männlichen und weiblichen Sexualstraftätern:innen unterstreichen.

Den typischen Täter gibt es nicht

Bei der *Tätertypologisierung* muss vor allem zwischen pädosexuell orientierten männlichen Tätern und jenen, die primär eine sexuelle Orientierung zu Erwachsenen haben, unterschieden werden. Zahlreiche Studien konnten verschiedene männliche Tätertypen

Tab. 1: Klassifikation der Tätertypen nach Groth (1982), erweitert durch Simkins (1990).

Tätertyp	Kurzbeschreibung
Fixierter Täter	Bei fixierten Tätern liegt eine sexuelle Orientierung gegenüber Kindern vor, wobei neben den sexuellen Fantasien oder dem Wunsch nach Sexualität mit Kindern auch das Bedürfnis nach emotionaler Nähe und die geringere Gefahr der Zurückweisung bei Kindern eine wichtige Rolle spielen. Sie leben oft allein bzw. befinden sich in keiner festen Partnerschaft und haben Schwierigkeiten mit sozialen Kontakten, wodurch sie leicht vereinsamen.
Regressiver Täter	Beim regressiven Typus herrscht eine primäre sexuelle Orientierung gegenüber Erwachsenen vor und die sexuellen Übergriffe bzw. der sexuelle Missbrauch können als Ersatzhandlungen (z. B. in schwierigen Lebenssituationen, bei Krisen der Selbstwahrnehmung als Mann oder wenn kein altersadäquater Sexualpartner zur Verfügung steht) verstanden werden. Sie sind in der Regel verheiratet oder leben in Partnerschaften und missbrauchen bevorzugt Mädchen. Sie wissen eine Situation zu nutzen, wenn sie sich ihnen bietet. In der Regel besteht bereits ein Vertrauensverhältnis mit dem Mädchen oder Jungen, weshalb viele Fälle des intrafamiliären Missbrauchs diesem Tätertypus zuzuschreiben sind.
Soziopathischer Täter	Der soziopathische Täter ist sexuell ebenfalls primär auf den Körper von Erwachsenen orientiert und fällt durch sehr aggressives und brutales Verhalten auf. Nicht selten penetriert oder vergewaltigt er seine Opfer, wobei ihm Schuldgefühle oder Reue fremd sind. Es geht ihm einzig um seine eigene sexuelle Befriedigung und die Ausübung von Macht, selbst wenn er dafür Gewalt anwenden muss. Bei diesem Typus finden sich in der Vergangenheit oftmals Konflikte mit dem Gesetz aufgrund von Substanzmissbrauch oder antisozialen Verhaltensweisen.

ausfindig machen; das bedeutet, dass es weder den einen *typischen* Täter, noch das eine *klassische* Erklärungsmodell gibt. Um verschiedene pädosexuelle Tätertypen besser einordnen und beschreiben zu können, schlug der amerikanische Psychologe A. Nicholas Groth vor rund 40 Jahren eine Unterteilung in fixierte und regressive Täter vor. Diese Unterteilung wurde einige Jahre später von dem Psychologen Lawrence Simkins, um den soziopathischen Typus ergänzt.

Den drei Tätergruppen ist gemein, dass sie Kinder für ihre persönlichen (sexuellen und/oder emotionalen) Zwecke missbrauchen sowie ein mangelndes Unrechtsbewusstsein aufweisen; beides dient letztlich der Kompensation ihrer eigenen Unzulänglichkeitsgefühle – sei es auf sexueller, sei es auf sozialer Ebene.

Um die psychokriminogene Natur des sexuellen Missbrauchs von Kindern und Jugendlichen besser zu verstehen, ist es zudem hilfreich, sich mit den psychologischen Profilen von Sexualstraftätern – und auch denen von Täterinnen – auseinanderzusetzen, um mögliche Zusammenhänge mit kriminellen Verhaltensweisen rechtzeitig zu erkennen. Als herausstechende Persönlichkeitsmerkmale werden in der Literatur häufig Psychopathie, Impulsivität, kognitive Verzerrungen, ein Defizit der Empathiefähigkeit und Probleme hinsichtlich Intimität angeführt. Das sogenannte Fünf-Pfade-Modell beschreibt Wege bzw. Faktoren, gemäß denen nicht vorwiegend pädosexuell orientierte Täter, Kinder sexuell missbrauchen (▶ Abb. 1). Das multifaktorielle Modell fußt auf fünf dysfunktionalen psychologischen Mechanismen:

- Intimitätsdefizite und Probleme in sozialen Fähigkeiten,
- verzerrte sexuelle Skripte,
- emotionale Dysregulation,
- antisoziale Kognitionen und kognitive Verzerrungen,
- multiple dysfunktionale Mechanismen.

Danach sind alle Faktoren für die Entstehung von Sexualdelinquenz relevant, da sie sich gegenseitig beeinflussen und bedingen. Die Ausprägung der einzelnen Faktoren kann jedoch von Täter zu Täter verschieden sein. Inwiefern Täter in ihrer Kindheit selbst sexuell missbraucht wurden und ob bei Jungen sexueller Missbrauch in der Kindheit zu späterem Täterverhalten führt (Opfer-Täter-Kreislauf),

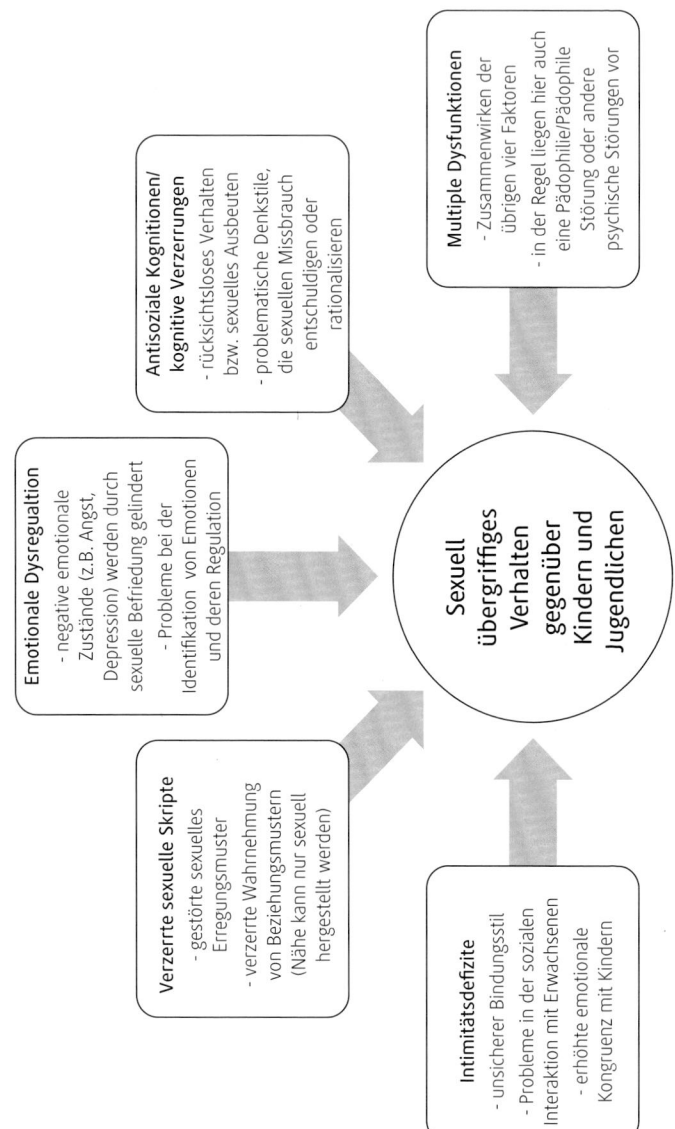

Abb. 1: Adaptiertes Fünf-Pfade-Modell nach Ward und Siegert 2002.

muss weiter empirisch untersucht werden, da es hierzu bislang unterschiedliche Erkenntnisse gibt. Eine eigene Missbrauchserfahrung führt in der Regel nicht automatisch zur Entstehung von Sexualdelinquenz. Es kann jedoch davon ausgegangen werden, dass rund ein Viertel der männlichen Täter selbst sexuell in ihrer Kindheit missbraucht wurde.

Wie *groomen* Täter ihre Opfer?

Vor diesem Hintergrund stellt sich die Frage, wie Täter bevorzugt vorgehen und mit welchen »Maschen« es ihnen gelingt, Kinder sexuell zu missbrauchen. Schon seit Beginn der 1980er Jahre existiert ein Modell, das die Vorgehensweise anhand von vier Schritten beschreibt. Das Vier-Faktoren-Modell (▶ Abb. 2), das von dem amerikanischen Soziologen David Finkelhor erstellt wurde, zeigt, wie unterschiedlich motivierte Täter zunächst interne und externe Hemmungen und schließlich den Widerstand des Kindes überwinden. Zudem verdeutlicht es, dass neben individuellen Faktoren, soziale Faktoren eine wichtige Rolle spielen.

Männliche Täter werden meist als unauffällige, angepasste und freundliche Personen beschrieben, die sich nicht selten großer Beliebtheit und Anerkennung erfreuen. Niemand würde auf die Idee kommen, dass sie eine »dunkle Seite« haben könnten. Dies liegt daran, dass sie meist nicht nur ihre potenziellen Opfer sondern auch ihr gesamtes soziales Umfeld gezielt manipulieren und somit mögliche Schwächen herausfinden können. Dies kann bspw. ein Mangel an Zeit und Aufmerksamkeit seitens der Eltern bzw. Erziehungsberechtigten sein, sodass das Kind faktisch oder gefühlt allein gelassen ist. Neben einer »speziellen Wahrnehmung« für einsame, bedürftige und emotional vernachlässigte Kinder haben Täter ein Augenmerk auf ängstliche oder sozial nicht-integrierte Mädchen und Jungen. Auch Kinder, die bereits Missbrauch erlebt

Täter und Täterinnen: Fremde Vertraute – vertraute Fremde

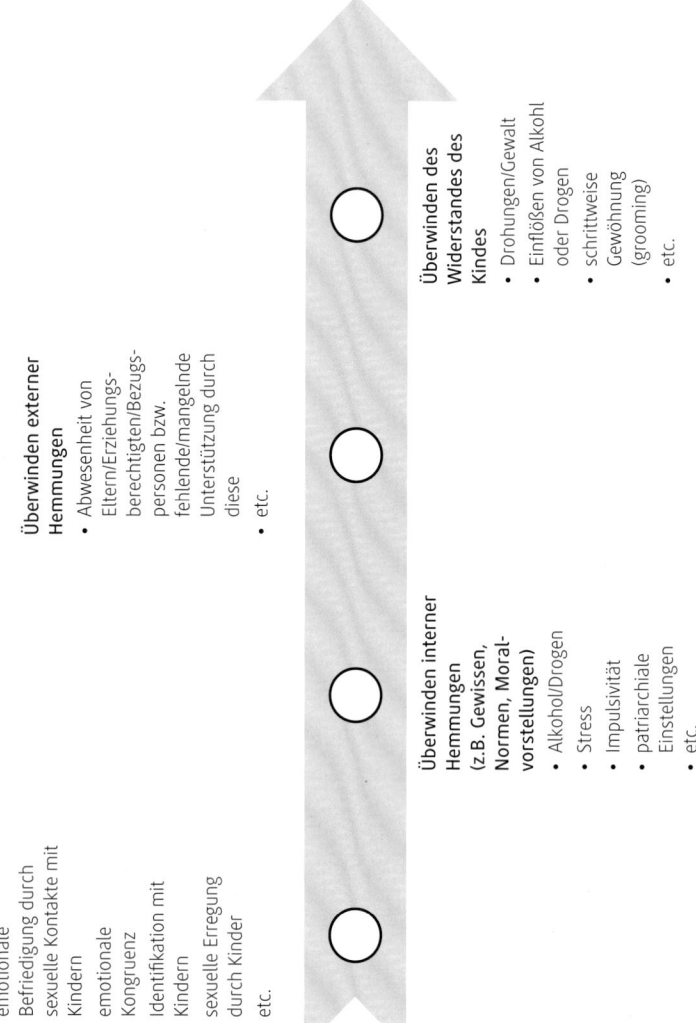

Abb. 2: Adaptiertes Vier-Faktoren-Modell der Vorbedingungen; Finkelhor (1984).

Wie groomen Täter ihre Opfer?

haben, oder eine Form der Beeinträchtigung oder Behinderung aufweisen, sind stärker gefährdet.

Daher werden Täter häufig zunächst als eine Art »rettende Engel« gesehen, die ihre Hilfe anbieten und sich des Mädchens oder Jungens annehmen. Auf diese Weise gelingt es ihnen im familiären oder sozialen Umfeld, Situationen zu schaffen, in denen sie sich ihrem potenziellen Opfer annähern und Zeit mit ihm verbringen können, ohne dass jemand etwas bemerkt oder Verdacht schöpft. Darüber hinaus haben Täter aus dem familiären oder sozialen Umfeld meist einen Vertrauensvorschuss, da das Kind die Person gut kennt und ihr vertraut. Liegt noch keine enge Beziehung zum potenziellen Opfer vor, werden sogenannte *Grooming*-Strategien angewendet. *Grooming* beschreibt das gezielte, aber zugleich unauffällige Annäherungsverhalten eines Täters an sein potenzielles Opfer, um Kontakt herzustellen und eine Vertrauensbasis aufzubauen. Dieses Annäherungsverhalten erfolgt schrittweise, weshalb meist kein Verdacht aufkommt. Mit gezielten Manipulationsstrategien versucht der Täter, das potenzielle Opfer an körperliche oder verbale Grenzverletzungen oder zweideutige Situationen zu »gewöhnen« und somit letztlich dessen Widerstand zu überwinden.

Das Vertrauen des Mädchens oder Jungens wird dabei durch emotionale Zuwendung, Bevorzugung, Aufmerksamkeit oder Geschenke verstärkt, wie auch dessen Abhängigkeit vom Täter. Es folgt in der Regel eine schrittweise Isolierung sowie eine stetig zudringlichere und übergriffigere Verhaltensweise, wobei diese von den Opfern nicht als solche erkannt werden. Gerade aufgrund der schrittweisen Verschlimmerung wird der Missbrauch letztlich auch erduldet. Häufig wird dem Opfer vom Täter suggeriert, es habe freiwillig mitgemacht, oder es handle sich um ganz normale Handlungen zwischen Erwachsenen und Kindern, die zum Erwachsenenwerden dazugehören. Oder aber, dass die Beziehung ganz besonders sei und sie ein gemeinsames Geheimnis zu hüten hätten, von dem niemand etwas wissen dürfe. Oder aber auch, dass sie selbst schuld seien und es darauf angelegt hätten. Diese Art der kognitiven Verzerrung findet sich auch bei Tätern im kirchlichen Kontext (z. B. »Gott hat mir dieses Kind geschickt, damit ich nicht mehr so einsam bin ...« oder: »Gott kennt mich und nimmt mich an wie ich bin; sicherlich vergibt er mir meine Sünden ...«). Je nach Alter des Opfers können auch Neugier und altersbedingte Unwissenheit gezielt ausgenutzt und später als Rechtfertigung herangezogen werden. Derartige Rationalisierungen und Schuldzuweisungen nutzen Täter nicht nur gegenüber ihrem Opfer, sondern auch vor sich selbst oder anderen, bspw. bei Vernehmungen oder um das eigene Gewissen zu beruhigen.

Kinder sind nun einmal Erwachsenen unterlegen – sei es physisch, kognitiv, emotional oder sprachlich. Zudem können sie aufgrund fehlender Erfahrungen das Ausmaß und die Konsequenzen sexueller oder sexualisierter Handlungen mit Erwachsenen nicht (völlig) begreifen und diesen folglich auch nicht bewusst zustimmen. Besonders wichtig ist hierbei auch das Machtgefälle, welches aufgrund von Ansehen, Status, Position bzw. Alter besteht. So haben viele Kinder und Jugendliche Angst, »Nein« zu sagen oder sich zu wehren, da sie sich vor der Reaktion fürchten und mit Drohungen oder Gewalt rechnen müssen. Manche Täter setzen gezielt auch andere Formen von Gewalt ein (z. B. physisch oder emotional), da sie ihnen oftmals erlauben, ein Opfer mehrmals über einen längeren Zeitraum hinweg zu missbrauchen. Klar ist jedenfalls, dass Kinder nicht aus Versehen missbraucht werden, sondern dass die Täter die Taten in den meisten Fällen langfristig geplant haben und ihre potenziellen Opfer bewusst und gezielt auswählen.

Die typische Täterin gibt es nicht

Ebenso, wie es *den* einen typischen männlichen Täter nicht gibt, gibt es auch *die* typische weibliche Täterin nicht. Auch wenn die Forschung noch vergleichsweise wenige Erkenntnisse zu Frauen, die Kinder oder Jugendliche sexuell missbrauchen, hat, wurden

Tab. 2: Klassifikation von Täterinnen nach Kavemann und Braun (2002).

Täterinnentyp	Kurzbeschreibung
Liebhaberin *(teacher/lover)*	Die Liebhaberin nutzt ihre Position und Überlegenheit bspw. als Lehrerin gegenüber ihrem/ihrer Schüler:in oder als »erfahrene Frau« gegenüber einem/einer Jugendlichen, um diese/-n in die Liebe einzuführen. Sie geht dabei verführerisch vor und wendet selten Gewalt an. Die Opfer fühlen sich häufig privilegiert und auserwählt und der Missbrauch wird von der Täterin nicht als solcher, sondern als Liebesbeziehung verstanden. In dieser Art von Beziehung müssen sie keinerlei Verletzung durch erwachsene Männer fürchten.
Prädispositionierte Täterin	Die vorbelastete Täterin war meist selbst Opfer sexuellen Missbrauchs in ihrer Kindheit oder Jugend, und ist aufgrund von starken psychischen Belastungen oft nicht in der Lage, die Bedürfnisse von Kindern von ihren eignen zu unterscheiden, weshalb sie ihren Opfern oft eine Mitschuld suggerieren. Sie agieren meist allein und richten ihre persönlichen unverarbeiteten Erfahrungen als sexuelle Gewalt gegen Kinder (häufig ihre eigenen), die sich in einem Abhängigkeitsverhältnis mit ihnen befinden.
Mittäterin	Die Mittäterin steht unter dem Einfluss eines oft gewalttätigen Mannes oder Partners und wird von diesem dazu gezwungen, (die eigenen oder fremde) Kinder sexuell zu missbrauchen oder ihn beim Missbrauch zu unterstützen. In diesen Fällen befindet sich die Frau häufig in einem Abhängigkeitsverhältnis und handelt aus Angst bzw. Hilflosigkeit, oder auch aus Liebe zu ihrem Partner.
Atpyische Täterin	Die atypische Täterin lässt sich keiner der oberen drei Kategorien zuordnen. Atypisch missbrauchende Frauen leiden bspw. an psychischen Störungen, zwingen Männer dazu Kinder oder Jugendliche sexuell zu missbrauchen oder missbrauchen gleichberechtigt mit diesen. Auch Frauen, die Angst davor haben, dass ihr Kind Opfer sexuellem Missbrauchs sein oder werden könnte, können Grenzen überschreiten, indem sie den Körper ihres Kindes und dessen Intimbereich regelmäßig kontrollieren.

erste Versuche der Typologisierung von Missbrauchstäterinnen im englischsprachigen Kontext bereits in den 90er Jahren unternommen, wo sich drei Typen von Täterinnen abgezeichnet haben. Diese Typologisierung wurde 2002 auch im deutschsprachigen Kontext aufgegriffen und erweitert. Darüber hinaus hat man herausgefunden, dass auch Täterinnen aus allen gesellschaftlichen Schichten stammen und häufig mit ihren Opfern unter einem Dach leben. D. h., es handelt sich in der Regel um nahe Bezugspersonen. Ausgehend von bisherigen Erkenntnissen scheint es, dass ein Großteil der Täterinnen unter ungünstigen bis hin zu belastenden Umständen aufwuchs und sich in einer Beziehung befindet, die von psychischer und/oder physischer Gewalt geprägt ist. Dies unterstreicht die Bedeutung von häuslicher Gewalt. Zudem zeigen sich hier gewissermaßen Spätfolgen von eigenen Missbrauchserfahrungen. Zwar konnten einige wenige Studien bei Täterinnen eine Störung hinsichtlich ihrer Sexualpräferenz nachweisen, wobei pädophile Neigungen ähnlich häufig wie bei männlichen Tätern vertreten waren, dennoch muss pädosexuelles Verhalten bei Frauen weiter erforscht werden, bevor allgemeine Schlussfolgerungen gezogen werden können. Dasselbe gilt für *Grooming*-Strategien; diese ähneln beispielweise beim *Teacher/Lover*-Typus denen von männlichen Tätern, müssen jedoch weiter untersucht werden, wie auch vorherrschende Persönlichkeitsmerkmale bei Täterinnen. Zwar wurden die Typologisierungen durch neuere Studien verfeinert, aber noch lässt sich nicht jede Täterin respektive jedes Motiv einem Typus zuordnen, was sich an der zunehmenden Komplexität und Dimension des sexuellen Missbrauchs durch das Internet und die sozialen Medien verdeutlicht.

Die Gefahr im Netz: Online-TäterInnen

Seit Beginn der Corona-Pandemie im Frühjahr 2020 hat sich die Zahl der sexuellen Übergriffe und des sexuellen Missbrauchs an Kindern im Internet vervielfacht und es ist weltweit ein wahrhaft erschreckender Anstieg zu verzeichnen. Das Vorgehen der Täter:innen, die im Internet aktiv sind, weist Ähnlichkeiten zu jenen auf, die real-physisch vorgehen. Auch sie stammen meist aus dem sozialen Umfeld des Kindes, nur dass sie sich vor allem im Cyberspace bewegen und zwar auf den von den Jugendlichen genutzten Plattformen.

Zunächst stellen sie den Kontakt her und freunden sich mit den potenziellen Opfern an. Dieses gezielte Annähern im digitalen Raum wird als *Cybergrooming* bezeichnet. Auf diese Weise können sie unverfänglich mit dem Mädchen oder Jungen schreiben bzw. sprechen. So gelangen sie an wertvolle Informationen über Interessen, Familie, Schule, Hobbys, etc. Dies geschieht meist anonym oder über ein gefaktes Profil, das die wahre Identität, das tatsächliche Alter sowie die eigentliche Intention verschleiert. Oftmals entwickeln sich aus diesen anfänglichen Internet-Bekanntschaften Vertrauensbeziehungen, bei denen relativ schnell über Themen wie körperliche Attraktivität, Liebe, Beziehungen oder Sex gesprochen respektive geschrieben wird. Die Täter:innen zeigen sich dabei meist interessiert, verständnisvoll und zugeneigt. Sie geben den jungen Menschen den Eindruck, etwas Besonderes zu sein.

Nach und nach werden die sexualisierten Gespräche immer intensiver und können z. B. im Zusenden pornografischen Materials seitens der Täter:innen aber auch in der Anforderung erotischer Fotos und Videos von den Mädchen oder Jungen enden. Diese Fotos oder Videos können von Täter:innen wiederum zur Erpressung der Opfer genutzt werden.

Doch nicht alle beschränken sich auf die digitale Welt. Einige schlagen ein Treffen in der realen Welt vor und nutzen dabei das online entstandene Vertrauen, um die Kinder offline sexuell zu missbrauchen. Häufig filmen sie dabei den Missbrauch auch oder streamen den Missbrauch *live*. Nach aktuellen Erkenntnissen sind beinahe alle Täter, die Kinder oder Jugendliche online missbrauchen, männlich (einzelne Studien sprechen von rund 99 %). Sie haben pädosexuelle oder pädohebephile Neigungen und seltener eine kriminelle Vorgeschichte. Was die emotionale Identifikation mit Kindern oder Jugendlichen anbelangt, lässt sich auch bei dieser Tätergruppe auf Intimitätsdefizite schließen. Sie versuchen zudem, durch sexuelle online-Kontakte fehlende Kontakte in der realen Welt zu ersetzen, da sie bspw. mit sich selbst nicht zufrieden sind, oder sich in ihrer Jugend nicht ausreichend sexuell sozialisieren konnten.

Abschließende Bemerkungen

Die meisten zur Verfügung stehenden Daten zu Tätern:innen wurden im *Hellfeld* mit Hilfe klinischer Stichproben in psychiatrischen oder forensischen Eichrichtungen bzw. mit überführten oder strafrechtlich verurteilten Sexualstraftätern:innen (bspw. bei Strafrechtsprozessen oder in Justizvollzugsanstalten) erhoben. Auch Aussagen von Betroffenen konnten wertvolle Informationen liefern. Dies bedeutet jedoch, dass über Täter:innen, deren Taten im *Dunkelfeld* liegen, nichts oder nur sehr wenig bekannt ist. Dies gilt heute insbesondere für Sexualstraftaten, die *online* (im Internet bzw. über die sozialen Medien) geschehen. Generell ist es wichtig, zu verstehen, dass es unterschiedliche Typen von Sexualstraftätern:innen gibt, die unterschiedliche Motive für ihre Taten aufweisen können. Dabei sind nicht alle männlichen Sexualstraftäter pädophil veranlagt; ebenso missbrauchen nicht alle pädophil veranlagten Menschen automatisch Kinder. Männliche und zum Teil auch weibliche Täter:innen nutzen häufig *Grooming* Strategien, um sich ihren potenziellen Opfern anzunähern, dies gilt sowohl in der realen Welt, wie auch im *Cyberspace*. Zu diesen Strategien zählt bspw. manipulatives Verhalten. Insbesondere männliche Sexualstraftäter sind häufig wahre Weltmeister in der Manipulation ihrer potenziellen Opfer sowie ihres gesamten sozialen Umfeldes. Aus diesem Grund werden sie meist als unauffällig wahrgenommen, was ihnen das Überwinden von externen Hemmungen und des Widerstands des Kindes, das sie als potenzielles Opfer auserwählt haben, erleichtert. Daher sind ein allgemeines Bewusstsein für und Wissen um Tätertypen, Motive und Vorgehensweisen essenziell, wenn es um den Schutz von Kindern oder Jugendlichen vor sexuellen Übergriffen oder sexualisierter Gewalt geht. Dies gilt umso mehr in Zeiten, in denen das Leben von jungen Menschen mehr denn je in einer digitalen Welt – und nicht mehr ausschließlich in der realen Welt – stattfindet.

Weiterführende Literatur

Dekker, Arne/Koops, Thula/Briken, Peer 2016: Sexualisierte Grenzverletzungen und Gewalt mittels digitaler Medien. Expertise (Berlin: Arbeitsstab des Unabhängigen Beauftragten für Fragen des sexuellen Kindesmissbrauchs).
Heyden, Saskia/Jarosch, Kerstin 2019: Missbrauchstäter: Phänomenologie – Psychodynamik – Therapie (2. Aufl. Stuttgart: Klett-Cotta).
Jelinek, Stefan 2020: Sexueller Missbrauch an Kindern durch Frauen. Eine wissenschaftliche Auseinandersetzung mit der Täterinnenschaft und eine Empfehlung für ein sozialtherapeutisches Behandlungsangebot (Höchberg b. Würzburg: ZKS Verlag).
Elz, Jutta (Hrsg.) 2009: Täterinnen. Befunde, Analysen, Perspektiven. Kriminologie und Praxis Bd. 58 (Wiesbaden: Kriminologische Zentralstelle).

Soziologische, kriminologische und viktimologische Aspekte sexualisierter Gewalt

Pamela Kerschke-Risch

Die Viktimologie ist ein Teilbereich der Kriminologie, die sich mit Opferforschung beschäftigt. Anhand viktimologischer Erkenntnisse werden im Folgenden mögliche Auswirkungen sexualisierter Gewalt auf Betroffene erklärt. Diese Auswirkungen können in drei Bereiche unterschieden werden, nämlich die als *primäre Viktimisierung* bezeichnete eigentliche »Opferwerdung«, d. h. das Erleiden der Tat, die *sekundäre Viktimisierung*, die sich auf mögliche, der Tat folgende Konsequenzen, wie z. B. die Reaktionen der Polizei oder Justiz bei

Vernehmungen bezieht oder auch Reaktionen des sozialen Umfelds, die weitere traumatisierende Erfahrungen für die Betroffenen bedeuten können. Schließlich kann es zu einer sogenannten *tertiären Viktimisierung* kommen, wenn Betroffene aufgrund der erlittenen sexualisierten Gewalt Verhaltens- und/oder Persönlichkeitsveränderungen aufweisen.

Wiederholte Viktimisierungen können dazu führen, dass Betroffene nachhaltig destabilisiert werden, Ängste entwickeln und ihr Verhalten ändern, wie dies in diesem Band aus psychologischer Sicht von Katharina Fuchs ausgeführt und von Sonja Howard anhand eigener Erfahrungen eindrücklich beschrieben wird. Dass die Betroffenen sich aufgrund solcher Erfahrungen ängstlicher und noch »angepasster«, d. h. sozial unauffälliger, verhalten und sich sogar selber schuldig fühlen – das alles kann dazu führen, dass sie für potenzielle Täter:innen noch attraktiver werden. Denn für Täter:innen ist in diesen Fällen die Gefahr, entdeckt und beschuldigt zu werden, noch geringer einzuschätzen. Darüber hinaus können Schwäche, Verzweiflung und Angst der Betroffenen auch dazu führen, dass sich die Täter:innen noch übermächtiger und stärker fühlen, wodurch das Machtungleichgewicht zwischen den Beteiligten noch größer wird.

Der große, unbekannte, männliche Täter gilt im Zusammenhang mit Sexualdelikten, insbesondere bei Vergewaltigungen, als *die* Gefahr schlechthin. So fürchten viele Eltern, dass ihre Kinder Opfer einer Sexualstraftat – schlimmstenfalls mit Todesfolge – werden könnten und ergreifen daher aus ihrer Sicht sinnvolle Vorsichtsmaßnahmen, indem sie die Kinder beispielsweise mit dem Auto zur Schule oder zum Sport bringen oder Fahrgemeinschaften bilden. Die Zahlen der offiziellen Polizeilichen Kriminalstatistik für kindliche Gewaltopfer zeigen für Deutschland jedoch ein anderes Bild: Im Jahr 2020 gab es weder bei Kindern noch bei Erwachsenen Mordopfer im Zusammenhang mit Sexualdelikten, bei denen *keine* Beziehung zwischen Opfer und Tatverdächtigem/r bestand (Bundeskriminalamt, 2020).

Die katholische Kirche, die seit 2010 mit immer neuen Missbrauchsvorwürfen konfrontiert wurde, geriet in der jüngsten Vergangenheit durch neue Gutachten verstärkt in den Fokus der Medien. Denn immer mehr Betroffene sexueller Gewalt brechen ihr Schweigen und machen öffentlich, was ihnen angetan wurde. Eine äußerst unrühmliche Rolle bei der Aufarbeitung der zahllosen Missbrauchsfälle in der katholischen Kirche spielt in jüngerer Zeit der Kölner Kardinal Wölki. Die Nachrichten über die katholische Kirche sind in den letzten Jahren voll von Skandalen und in der Folge ist die Zahl der Kirchenaustritte seit Jahren beständig angestiegen – im Jahr 2021 traten rund 360 000 Menschen aus der katholischen Kirche aus. Während 1990 noch über 35 % der deutschen Bevölkerung der katholischen Kirche angehörten, sind dies aktuell nur noch ca. 26 %. Als Grund für den Kirchenaustritt werden meist Missbrauchsskandale angeführt.

Das Bild des unbekannten Täters einerseits und das des katholischen Geistlichen andererseits könnte den Eindruck entstehen lassen, dass für Kinder die Gefahr sexualisierter Gewalt nahezu ausschließlich aus diesen beiden Richtungen droht. Wenn man jedoch von ca. 340 000 geschätzten Fällen sexualisierter Gewalt pro Jahr ausgeht, wird deutlich, dass diese auch in anderen Bereichen stattfinden müssen. Denn unbekannte, fremde Täter, wie z. B. der sogenannte Maskenmann, stellen nur spektakuläre Einzelfälle dar und auch Geistliche können nicht allein für diese hohe Zahl an Straftaten verantwortlich sein. Dies wird an den Zahlen der Sexualstraftäter in der katholischen Kirche erkennbar. Laut der MHG-Studie sind von allen Klerikern, die im Zeitraum von 1946 bis 2014 in der katholischen Kirche tätig waren, ca. 4,4 % der Begehung einer oder mehrerer Sexualstraftaten bezichtigt worden. Diese Zahlen spiegeln jedoch nur das sogenannte Hellfeld der Beschuldigten, nicht jedoch die Zahl der Verurteilten wider. D. h., die tatsächliche Zahl der Täter könnte sowohl niedriger als auch höher sein. Wenn man davon ausgeht, dass der Anteil Beschuldigter auch gegenwärtig noch gelten sollte, wären es im Jahr 2020, bei nur noch 12 565 Priestern, ›nur‹ ca. 550 Kleriker, denen Sexualstraftaten vorzuwerfen wären. Aufgrund der öffentlichen Wahrnehmung und der damit einhergehenden Sensibilisierung für diese Thematik ist aber davon auszugehen, dass aktuell die von Geistlichen ausgehende sexualisierte Gewalt deutlich abgenommen hat. Daran sieht man sehr deutlich, dass allein die Geistlichen keinesfalls für die hohe Zahl von ca. 340 000 Fällen sexualisierter Gewalt verantwortlich sein können.

Wie lässt sich aber die große Anzahl der Fälle erklären? Aktuelle Studien gehen davon aus, dass es *den* typischen Täter bzw. *die* typische Täterin nicht gibt. Je nach Studie können nur etwa ein Drittel bis zur Hälfte aller Täter als pädophil diagnostiziert werden. In diesem Zusammenhang ist es wichtig, hervorzuheben, dass längst nicht alle Personen mit pädophilen Neigungen auch tatsächlich zu Tätern werden und sexualisierte Gewalt an Kindern ausüben (▶ Täter und Täterinnen: Fremde Vertraute – vertraute Fremde).

Familie und das direkte Umfeld

Ein großes und bislang in der Öffentlichkeit wenig thematisiertes Problem ist sexualisierte Gewalt, die von Vätern oder sonstigen, meist männlichen Familienmitgliedern und Bekannten oder Erziehungsberechtigten ausgeübt wird. Dass im scheinbar sicheren Umfeld der Familie für Kinder die Gefahr bestehen könnte, sexuell missbraucht zu werden, erscheint im Bewusstsein vieler unvorstellbar.

Untersuchungen zeigen jedoch, dass der größte Anteil aller Missbrauchstaten an Kindern nicht in Institutionen stattfindet, oder von *dem bösen unbekannten Fremden* begangen wird. D. h. also, die im Denken der meisten Menschen präsenten Ängste sind statistisch gesprochen die Ausnahmegefahren – Vorstellung und Realität fallen auseinander. Vielmehr lauert die größte Gefahr für Kinder im direkten sozialen Umfeld – in der Familie. Vor diesem Hintergrund stellt sich noch drängender die Frage, wie es möglich sein kann, dass die Täter:innen über Jahre, wenn nicht gar Jahrzehnte, unbemerkt von der Öffentlichkeit, ihre eigenen Kinder, die der Partnerin, ihre Enkel, andere Verwandte oder Pflegekinder unbehelligt missbrauchen und quälen können.

Laut dem »Unabhängigen Beauftragten zur Aufarbeitung des sexuellen Kindesmissbrauchs« ist davon auszugehen, dass es in jeder Schulklasse ein bis zwei betroffene Kinder gibt (UBSKM, 2022: https://www.bundesregierung.de/breg-de/aktuelles/missbrauchsbeauftragter-1715496). Doch wie kommt es zu diesen hohen Zahlen? So bestehen auch in Familien Abhängigkeiten und Machtungleichgewichte, die erklären können, warum Bezugspersonen nicht reagieren.

Es herrscht Angst: Angst bei den Opfern, aber auch Angst bei den Angehörigen, meist den Müttern. Frauen wollen den (neuen) Partner nicht verlieren, haben unterbewusst Schuldgefühle, wollen nicht glauben oder wahrhaben, was sie zwar ahnen, was aber nicht wahr sein darf. Auch herrscht vielfach Angst, dass das Umfeld etwas mitbekommen könnte, Angst aber auch vor körperlicher und psychischer Gewalt durch den Täter. Und sie müssten sich ihre Mitschuld eingestehen, was schwer auszuhalten wäre. Insgesamt kann davon ausgegangen werden, dass gerade auch in Familien Machthierarchien bestehen und die Täter ihre Machtgelüste nicht nur an den direkt betroffenen Kindern, sondern auch an Partner:innen und sonstigen Familienmitgliedern ausleben.

Eine nahezu unvorstellbare Kombination aus innerfamiliärer sexualisierter Gewalt gegen Kinder und institutioneller Vertuschung durch die katholische Kirche stellt der Fall eines Priesters aus dem Erzbistum Köln dar, an dem sich typische Mechanismen aufzeigen lassen. Der heute 71-jährige Priester U. wurde im Februar 2022 zu zwölf Jahren Haft verurteilt, weil er in den 1990er Jahren seine drei Nichten missbraucht hatte, die die Taten schließlich 2010 angezeigt hatten. Diese Anzeigen wurden aufgrund familiären Drucks zurückgenommen, kirchenintern wurde der Fall vertuscht und nicht an die Glaubenskongregation weitergeleitet. Der zuständige Erzbischof Joachim Meisner setzte den Beschuldigten trotz der im Raum stehenden Anschuldigungen wieder als Priester ein. Und der Hauptabteilungsleiter Seelsorge Personal Stefan Heße, der heute als Erzbischof in Hamburg tätig ist, entschied, keinerlei Protokollnotizen anzufertigen, um keine belastenden Beweise zu hinterlassen. Nachdem die Nichten 2019 schließlich doch gegen ihren Onkel aussagten, verbot Kardinal Woelki ihm die weitere Ausübung des Priesteramts. Im selben Jahr meldete sich außerdem eine Pflegetochter des Täters, die zu Geschlechtsverkehr gezwungen und einer Abtreibung gedrängt worden war. Im Laufe des Prozesses meldeten sich dann weitere Betroffene (Löbbert 2022). Gegen die Verurteilung legte der Priester Revision ein, die er dann jedoch wieder zurückzog.

An diesem Fall werden verschiedene, typische Mechanismen deutlich: Die Tatsache, dass sich Betroffene, wenn überhaupt, erst sehr spät melden, folgt einem charakteristischen Muster: Erst wenn die Zeit »reif« ist, d. h., wenn Delikte wie sexualisierte Gewalt gegen Kinder in der Öffentlichkeit als ein ernstes Problem wahrgenommen werden, erst wenn davon auszugehen ist, dass den Betroffenen geglaubt wird und wenn keine Abhängigkeit von dem Peiniger, der Institution und/oder der Familie mehr besteht, wagen es Betroffene, den oder die Täter anzuzeigen. D. h., um das Schweigen zu brechen, muss das Machtungleichgewicht zwischen dem Täter und den Betroffenen verringert werden – im skizzierten Fall sind die Nichten mittlerweile erwachsen und es ist davon auszugehen, dass sie weniger bzw. nicht mehr von der Familie abhängig sind. In diesem Zusammenhang ist es auch wichtig, dass die Institution der katholischen Kirche mittlerweile ebenso wie die Unfehlbarkeit der Geistlichen sowohl extern von der Öffentlichkeit als auch intern infrage gestellt wird. Statt nur kircheninterne Verfahren durchzuführen und, wenn überhaupt, Sanktionsmaßnahmen zu verhängen, werden mittlerweile Fälle auch vor staatlichen Gerichten verhandelt. Bei Strafverfahren im Zusammenhang mit sexualisierter Gewalt wird inzwischen auf die Bedürfnisse der Betroffenen Rücksicht genommen (vgl. den Beitrag von Monika Peter in diesem Band). Darüber hinaus gibt es Hilfsangebote, welche die Position der Betroffenen stärken. Hieran wird exemplarisch deutlich, dass das Machtungleichgewicht im Zeitverlauf geringer geworden ist, denn auf der einen Seite hat die Macht des Geistlichen abgenommen, auf der anderen Seite ist die Position der Betroffenen stärker geworden. Dies kann erklären, warum die Betroffenen mehr als zwei Jahrzehnte zurückliegende Taten erst nach so langer Zeit erneut angezeigt haben. Auch in anderen Fällen ist aufgrund ähnlicher, sich im Laufe der Zeit veränderter Machtkonstellationen davon auszugehen, dass eine Verringerung der Machtungleichgewichte dazu geführt hat, dass Betroffene die Kraft und den Mut gefunden haben, ihnen zugefügte sexualisierte Gewalt anzuzeigen und öffentlich zu machen.

Für die Täter:innen besteht bislang in der Regel kein bzw. nur ein geringes Risiko, strafrechtlich sanktioniert zu werden. Täter:innen haben vielfach kein oder nur ein geringes Schuldbewusstsein. Täter:innen können Macht über Schwächere ausüben, was sie in ihrem Gefühl der Stärke bestätigt.

Kinder als Betroffene sexualisierter Gewalt können sich aus verschiedenen Gründen, bzw. einer Kombination derselben, kaum wehren, weil sie geistig und/oder psychisch nicht dazu in der Lage sind, weil sie Angst vor den Täter:innen oder weiteren Konsequenzen haben. Es ist aber auch möglich, dass sie sich selbst schuldig fühlen, dass sie die Täterin oder den Täter verehren oder bewundern und sich sogar als Auserwählte sehen und ihm/ihr nicht schaden möchten, wie dies bei Geistlichen oder Sporttrainer:innen beobachtet wurde. Oder aber es ist ihnen gar nicht bewusst, dass ihnen Unrecht angetan wurde. Problematisch sind außerdem fehlende Ansprechpartner:innen, denen sie vertrauen können.

Eine andere Konstellation sind Kinder, die in der Familie von meist männlichen Tätern sexuelle Gewalt erfahren – dabei können schon kleine Kinder oder sogar Säuglinge Opfer sein (vgl. den Beitrag von Dirk Bange in diesem Band). Meistens sind dies keine einmaligen Vorkommnisse, sondern Martyrien, die sich über längere

Zeit, oft sogar Jahre hinziehen. Eine Besonderheit stellt dabei die Produktion von Kinderpornografie dar – hier geht es vorrangig um kommerzielle Interessen, jedoch gibt es Mitwissende, die die Taten erst ermöglichen, wie z. B. Mütter. Auch hier ist von Machtungleichgewichten und Abhängigkeiten auszugehen.

Auf abstrakter Ebene lässt sich der Zusammenhang zwischen einem sich ändernden gesellschaftlichen Problembewusstsein auf der einen Seite sowie den Wechselwirkungen auf die Betroffenen und Täter:innen auf der anderen Seite im Hinblick auf sexualisierte Gewalt wie folgt darstellen:

Wie der Abbildung zu entnehmen ist, bestehen verschiedene Wechselwirkungen zwischen der Öffentlichkeit, den Institutionen, den Betroffenen und den Täter:innen, was wiederum einen Einfluss auf die sexualisierte Gewalt hat. Veränderungen auf der gesellschaftlichen Ebene können die Betroffenen stärken, den Druck auf die Institutionen und die Täter:innen erhöhen und damit Taten verhindern. Gestärkte Betroffene wiederum können einerseits Druck auf die Gesellschaft und/oder Institutionen ausüben, was wiederum auf potenzielle Täter:innen wirkt und damit weitere Delikte verhindern kann. Durch Social Media können sich Betroffene besser als früher informieren und Vernetzungen mit anderen sind möglich. Durch das Bekanntwerden der Taten in verschiedenen Bereichen wird den Betroffenen klar, dass sie weder allein noch die Schuldigen sind und die Ursachen für Ängste oder psychische Probleme ihre Wurzeln in lange zurückliegenden Missbrauchserfahrungen haben können, wie Sonja Howard als Betroffene in diesem Band deutlich macht. Und dass sie sich nicht zu schämen brauchen, sondern dass das Gegenteil der Fall ist.

Die Frage vor diesem Hintergrund lautet, ob es heute noch sein kann, dass die meisten Taten im Bereich der sexualisierten Gewalt unbemerkt bleiben, dass das Umfeld, also weder Eltern oder Partner:innen noch Kolleg:innen oder Vorgesetzte etwas von den Übergriffen mitbekommen? Dazu sollen im Folgenden kurz die einzelnen Bereiche, in denen es wiederholt zu sexuellem Missbrauch bzw. sexualisierter Gewalt kommt, charakterisiert werden.

Soziologische, kriminologische und viktimologische Aspekte

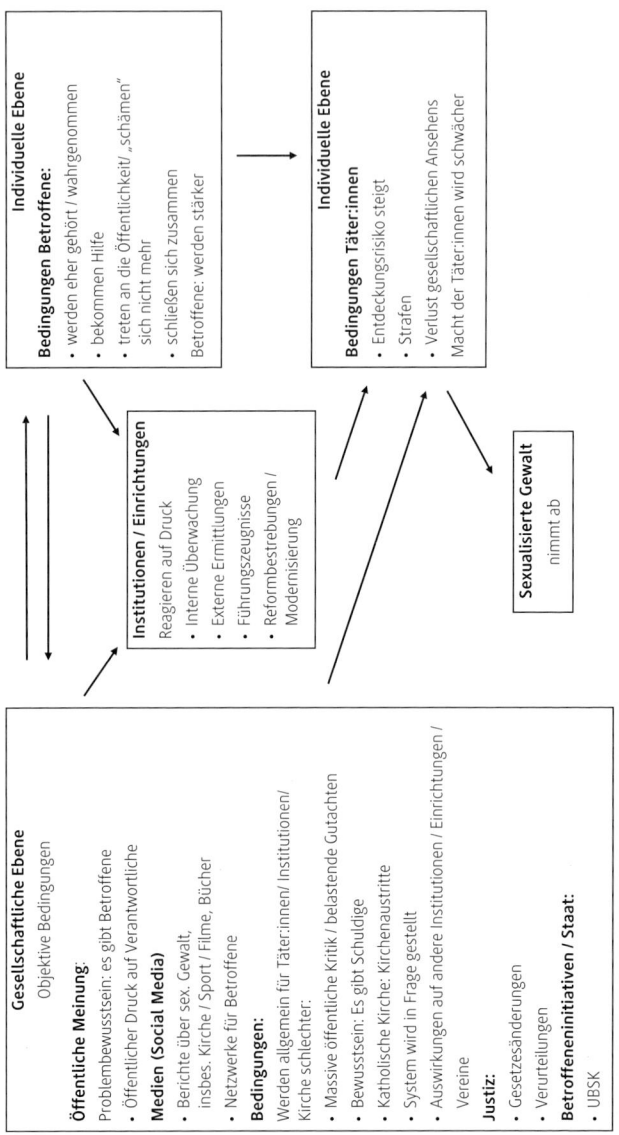

Abb. 3: Auswirkungen/Wechselwirkungen gesellschaftlicher, rechtlicher und individueller Bedingungen auf sexualisierte Gewalt.

Institutionen

Die Missbrauchsvorwürfe gegen die katholische Kirche sind vielfältig und schwerwiegend, wobei im Laufe der letzten Jahre teilweise zuvor unvorstellbare Taten sowohl hinsichtlich der Quantität als auch der Qualität von Geistlichen an die Öffentlichkeit gekommen sind, die in der Vergangenheit von der Institution Kirche gedeckt wurden. Kirchen, aber auch Schulen und pädagogische Einrichtungen sind *die* Orte, die moralisch unantastbar erscheinen, denn ihnen vertraut unsere Gesellschaft ihre schwächsten Glieder an. Zudem vertreten gerade diese Institutionen die Werte unserer westlichen Welt in geradezu kondensierter Form und gelten daher nicht zu Unrecht (jedenfalls prinzipiell) als Kern unserer Zivilisation. Was bedeutet es aber dann, wenn Eltern oder Erziehungsberechtigte erfahren, dass gerade dort, an einem Ort, der absolute Sicherheit zu bieten verspricht und der über Jahrhunderte eine unantastbare moralische Institution gewesen ist, plötzlich ein Ort des Grauens sein soll? Ihr ganzes (Glaubens-) Gerüst geriete ins Wanken, es wäre eine massive Erschütterung von Vertrauen. Auch müssten sich die Eltern eingestehen, sich getäuscht zu haben, sich die Frage stellen, ob sie etwas hätten ahnen können, ob sie etwa mitschuldig waren. Wie könnten, wie sollten sie mit dieser (Mit-) Schuld umgehen? Vor sich, den Kindern, ihrem Umfeld?

Ähnliche Fragen müssten sich auch die Vorgesetzten und Mitwissenden der Täter stellen (▶ Sümpfe und Moore? Sexualisierte Gewalt in der katholischen Kirche). Ein weiterer wichtiger Aspekt ist der Zwiespalt, das Unrecht zu benennen, andererseits aber die eigene Institution vor Verdacht zu schützen – ein Zwiespalt, der in der Vergangenheit fast ausnahmslos zugunsten der Institution entschieden wurde, möglicherweise aus Eigennutz oder aber auch aus Loyalität, z. B. der Kirche gegenüber. Täter konnten somit ihre Autorität bzw. Macht gezielt ausnutzen und sich sicher sein, dass sie als Teil der Institution auch im Zweifel von dieser geschützt werden – das System mit seinen hierarchischen Strukturen und gegenseitigen Abhängigkeiten durfte nicht ins Wanken geraten.

Sport

Auch im Sportbereich kommt es zu sexualisierter Gewalt (▶ Gefährliche Nähe? Sexualisierte Gewalt im Sport), was ebenfalls auf ein Machtungleichgewicht, hier zwischen Trainer:innen und Kindern, zurückzuführen ist. Insbesondere wenn Kinder leistungsorientiert sind und dem Trainer oder der Trainerin gefallen möchten, erkennen sie die Person bedingungslos als Autorität an, möchten auch auserwählt sein, Anerkennung bekommen und bei Wettkämpfen oder Spielen aufgestellt werden. Grenzen zwischen notwendigen Berührungen, z. B. bei Hilfestellungen oder Haltungskorrekturen, und absichtlichen unsittlichen Berührungen sind fließend und auch schwer zu beweisen. Auch hier haben andere Vereinsmitglieder bzw. Vereinskolleg:innen u. U. eine wichtige Rolle: Gibt es Verhaltensauffälligkeiten bei einzelnen Trainer:innen Kindern gegenüber? Gibt es Verdachtsmomente?

Für Eltern mag es auch in diesen weltlichen Bereichen schwierig sein, Verdachtsmomente richtig zu deuten, bzw. wahrzunehmen, dass ihre Kinder im Sportbereich möglicherweise sexuellen Übergriffen ausgesetzt sein können. Ähnlich wie bei der Kirche wollen auch Vereine keinen Imageschaden durch Anschuldigungen erleiden, das Wohl des Vereins wird dann über das Wohl der Kinder gestellt. In vielen Sportarten ist darüber hinaus auch eine sehr knappe, körperbetonte Kleidung Standard, jedoch nicht, weil die Sportler:innen oder die Trainer:innen dies möchten, sondern weil dies eine bislang meist unhinterfragte Tradition ist, die Körper der Athlet:innen als Objekte, die einer bestimmten Ästhetik entsprechen, darzustellen, um dadurch besonders im Profisport hohe Einschaltquoten und damit entsprechende Werbeeinnahmen zu erzielen.

Kinder als Betroffene finden kaum Gehör, ihnen wird nicht geglaubt und, wenn sie klein sind, können Sie sich auch gar nicht entsprechend artikulieren. Oder aber sie realisieren gar nicht, was mit ihnen gemacht wurde bzw. wird und dass dies Unrecht ist – und dieses Unrecht wird dann als Normalität angesehen. Wenn Opfer sich irgendwann melden, dann erst, wenn der Täter alt, krank, schwach oder tot ist, d. h., wenn er keine Macht mehr über sie haben kann. Vorher ist es den Betroffenen kaum möglich, die Taten anzuzeigen, Auch besteht häufig die Furcht, keine Beweise zu haben oder den Vorwurf zu hören, dass sie sich ja bereits früher hätten melden können. Die Glaubwürdigkeit des bzw. der Betroffenen wird angezweifelt – auch hier gilt eine Hierarchie: Der mächtige Geistliche, der erfolgreiche Trainer ist meist über jeden Zweifel erhaben. Ein weiterer Aspekt ist die Normerfüllung: Kinder erkennen Autoritäten an, bewundern oder verehren sogar diejenigen, die sie missbrauchen. Sie möchten gehorchen, gefallen – und sie fühlen sich als Betroffene möglicherweise sogar selbst schuldig,

Die traumatisierten Kinder schweigen häufig entweder für immer oder aber über Jahre, Jahrzehnte, auch als Erwachsene. Gründe sind oft Scham, Angst und eine lange bestehende Abhängigkeit. Ihrem Peiniger nicht weiter untertänig zu sein, verlangt Bewusstsein und Kraft. Aber auch Scham und mögliche Stigmatisierungen, d. h. sekundäre Viktimisierungen durch das Umfeld verhindern, an die Öffentlichkeit oder vor Gericht zu gehen. Ängste und die Qual, dass das Erlebte und vielleicht Verdrängte wieder hochkommt, verhindert vielfach, sich als »Opfer« zu offenbaren. Es ist die Angst, sich mit der Vergangenheit (wieder) auseinandersetzen zu müssen, sodass psychische Belastungen und Traumata, die vielleicht bereits als überwunden angesehen wurden, aufbrechen könnten. Dazu kommt, dass Betroffenen, wenn sie sich in der Vergangenheit offenbaren wollten, oftmals nicht geglaubt wurde, weil nicht sein konnte, was nicht sein durfte.

Soziologische, kriminologische und viktimologische Aspekte

Gesellschaft und Schuld

Es ist für eine Gesellschaft schwer, sich einzugestehen, dass sexualisierte Gewalt gegen Kinder kein Einzelphänomen einzelner »perverser« Täter ist, sondern ein Verhalten, das sich durch verschiedenste Bereiche zieht. Die Gesellschaft muss die Kinder schützen, nicht jedoch die Täter:innen, die funktionierende Mitglieder der Gesellschaft sind. Diese gesellschaftlich anerkannten Vorbilder können im Selbstverständnis der Gesellschaft jedoch nicht böse sein, da die Familie, Lehrer, Geistlichen doch die Stützen der Gesellschaft sind, denen sie ebenso wie den Institutionen vertraut.

Der große, böse Unbekannte, der vielfach noch immer das Schreckgespenst vieler Eltern ist, stellt jedoch ein seltenes Einzelphänomen dar, während die realen Bedrohungen in erster Linie das soziale Nahfeld, Institutionen und die Familie selbst sind. Aber auch das eigene Verhalten der Eltern sollte reflektiert werden. So posten diese oft voller Stolz ihre Kinder oder präsentieren sie als Profilbilder bei ihren Accounts, die dort vielfach ohne böse Absicht kaum oder leicht bekleidet abgebildet sind. Denn durch Social Media und die technischen Möglichkeiten des Internets werden Verbreitungen kinderpornografischen Bild- und Filmmaterials erst möglich.

Die Taten sexualisierter Gewalt spiegeln ein Machtungleichgewicht wider, denn die Täter stehen hierarchisch über ihren Opfern und brauchen diese in der Regel nicht zu fürchten. Da die meisten Täter nicht nur in Bezug auf ihr Sexualverhalten nach außen unauffällig in der Gesellschaft leben, dabei nicht nur gut integriert, sondern häufig sogar aufgrund ihrer Funktionen geachtet, wenn nicht sogar verehrt werden, kann es im Selbstverständnis der Gesellschaft bzw. Öffentlichkeit gar nicht sein, dass diese Menschen etwas Verwerfliches tun, erst recht nichts gegen die Schwächsten in der Gesellschaft, die Kinder.

Der Zusammenhalt von Gesellschaften wird dadurch gestärkt, dass es einerseits ein »wir« und andererseits den oder die »anderen« gibt, die sich in unterschiedlichsten Aspekten von der Mehrheitsgesellschaft unterscheiden. Diese Andersartigkeit kann sich in den verschiedensten Lebensbereichen, wie z. B. in religiöser Zugehörigkeit, sexueller Orientierung oder Herkunft zeigen. Hierbei ist es wichtig festzustellen, dass es keinen einheitlichen gesellschaftlichen Konsens darüber gibt, ob oder was abzulehnen ist. Anders verhält es sich dagegen mit dem als »abnorm« oder »pervers« stigmatisierten Sexualstraftäter. Hier besteht Einigkeit darüber, dass »perverse« Sexualstraftäter, insbesondere dann, wenn Kinder ihre Opfer sind, als eine ernstzunehmende Gefahr angesehen werden, gegen die die höchstmöglichen Strafen verhängt werden müssen. Wenn sich jedoch herausstellen sollte, dass nicht der gefürchtete Einzeltäter, sondern eine bislang moralisch über jeden Zweifel erhabene Institution wie die Kirche, eine pädagogische Einrichtung oder sogar die Familie eine reale Gefahr für sexualisierte Gewalt darstellen, ist dies für viele unvorstellbar – und sie können oder wollen es nicht wahrhaben.

Warum eine Verschärfung des Strafrechts allein kein Schutz sein kann – und keine abschreckende Wirkung hat, sollte anhand der komplexen Zusammenhänge aufgezeigt werden. Entscheidend ist nicht die Strafhöhe, sondern das Entdeckungsrisiko. Daneben ist aber außer der Beweisführung vor allem eine Stärkung und Unterstützung der Betroffenen von Bedeutung, wobei eine sekundäre Viktimisierung auf jeden Fall verhindert werden muss.

Statt den Fokus auf wenige Einzeltäter zu legen, muss ein Bewusstseinswandel bzw. eine Bewusstwerdung im öffentlichen Diskurs dahingehend entstehen, dass sexualisierte Gewalt, nicht nur gegen Kinder, ein vielschichtiges gesellschaftliches Problem ist, für das es keine simplen Allheilmittel wie eine Strafverschärfung geben kann. Trotz aller Aufklärung und eines Bewusstseinswandels in der Gesellschaft ist zu befürchten, dass die Fälle sexuellen Missbrauchs und sexualisierter Gewalt gegen Kinder während der Corona-Pandemie angestiegen sind, da die Kinder in den Familien den Täter:innen ohne den sonst bestehenden Schutz von Schule oder Kitas vermehrt ausgeliefert sind. Hier sind Politik und Gesellschaft gefordert, vermehrt entsprechende Hilfsangebote zur Verfügung zu stellen (zu möglichen Präventionsmaßnahmen siehe Fegert at al., 2015).

Das Ziel sollte ein gleichberechtigtes und angstfreies Miteinander der Geschlechter sein, sodass es nicht zu einem System der Abhängigkeiten und Angst kommen kann, in dem Missbrauch möglich ist und gedeckt wird. Dies bedeutet aber auch, dass Hierarchien und Autoritäten in Frage gestellt werden müssen.

Weiterführende Literatur

Betroffenenrat 2021: Tatort Familie Impulspapier des Betroffenenrates zum Tatkontext Familie. Eine Aufforderung zu Aufarbeitung, Schutz und Hilfe an die gesamte Gesellschaft. 15. März 2021 (https://beauftragter-missbrauch.de/fileadmin/Content/pdf/Betroffenenrat/Aus_unserer_Sicht/Betroffenrat_Impulspapier_Tatort_Familie.pdf).

Bundeskriminalamt (Hrsg.) 2020: Bund – Opfertabellen. 21.01.21: Tabelle 92: Opfer-Tatverdächtigen-Beziehung https://kurzelinks.de/zr20

Dreßing, Harald, Hans Joachim Salize, Dieter Dölling, Dieter Hermann. Andreas Kruse, Eric Schmitt und Britta Bannenberg, 2018: Sexueller Missbrauch an Minderjährigen durch katholische Priester, Diakone und männliche Ordensangehörige im Bereich der Deutschen Bischofskonferenz. Mannheim, Heidelberg, Gießen.

Fegert, Jörg M., Ulrike Hoffmann, Elisa König, Johanna Niehues und Hubert Liebhardt (Hrsg.), 2015: Sexueller Missbrauch von Kindern und Jugendlichen. Ein Handbuch zur Prävention und Intervention für Fachkräfte im medizinischen, psychotherapeutischen und pädagogischen Bereich (Wiesbaden: Springer VS).

Kiefl, Walter/Lamnek, Siegfried 1986: Soziologie des Opfers. Theorie, Methoden und Empirie der Viktimologie (München: Wilhelm Fink Verlag).

Löbbert, Raoul 2022: Der Richter und die Kleriker, in: Zeit online, 10.02.2022 (https://www.zeit.de/2022/07/erzbistum-koeln-missbrauch-prozess-pfarrer-ue).

Wastl, Ulrich/Pusch, Martin/Gladstein, Nata 2020: Sexueller Missbrauch Minderjähriger und erwachsener Schutzbefohlener durch Kleriker im Bereich des Bistums Aachen im Zeitraum 1965 bis 2019 – Verantwortlichkeiten, systemische Ursachen, Konsequenzen und Empfehlungen (https://westpfahl-spilker.de/wp-content/uploads/2020/11/Gutachten_Bistum_Aachen.pdf)

Die Strafbarkeit des sexuellen Missbrauchs von Kindern

Garonne Bezjak

Der sexuelle Missbrauch von Kindern ist ein Phänomen, welches nicht zuletzt im Gefolge bestimmter Medienberichterstattungen in unserer Gesellschaft einen starken Widerhall erfährt.[5] Die Politik reagiert auf die zuweilen sehr emotional geführten Debatten nicht selten mit neuen Straftatbeständen sowie der Anhebung bestehender Strafrahmen. Dieses Kapitel soll einen Einblick in die Struktur und den Inhalt der materiell-rechtlichen Strafrechtsnormen geben

---

5 Die Verfasserin gibt ausschließlich ihre private Auffassung wider.

und dabei gleichzeitig einen Beitrag zur Versachlichung der Diskussionen leisten.

Europäische Vorgaben zur Strafbarkeit des sexuellen Missbrauchs von Kindern

Der sexuelle Missbrauch von Kindern ist ein weltweit existentes Problem mit schlimmen Folgen für die Betroffenen. Beiträge zur Lösung dieses Problems werden daher auch auf internationaler Ebene gesucht. Zu nennen sind hier insbesondere das Übereinkommen des Europarats zum Schutz von Kindern vor sexueller Ausbeutung und sexuellem Missbrauch vom 25. Oktober 2007 (Lanzarote-Konvention) und die Richtlinie 2011/93/EU vom 13. Dezember 2011 zur Bekämpfung des sexuellen Missbrauchs und der sexuellen Ausbeutung von Kindern sowie der Kinderpornografie. Mit diesen Rechtsinstrumenten werden die Mitgliedstaaten des Europarates bzw. der Europäischen Union zur Einhaltung bestimmter, u. a. strafrechtlicher Mindestvorgaben angehalten.

Auf der europäischen Ebene wird ein Kind als Person unter 18 Jahren definiert. Das nationale deutsche Strafgesetzbuch (StGB) differenziert demgegenüber zwischen Kindern als Personen unter 14 Jahren (§§ 176 bis 176e; 184b; 184e StGB) sowie Jugendlichen als Personen unter 16 Jahren (§§ 174 Abs. 2 Nr. 1 und Abs. 3; 180 Abs. 1; 182 Abs. 3 StGB) bzw. Personen unter 18 Jahren (§§ 174 Abs. 1, Abs. 2 Nr. 2 und Abs. 3; 180 Abs. 2; 180a Abs. 2 Nr. 1; 182 Abs. 1, 184 Abs. 1 Nr. 1, 2 und 5; 184c, 184e, 184g StGB) und setzt mit diesen Vorschriften die europäischen Vorgaben um.

Das geschützte Rechtsgut des sexuellen Missbrauchs von Kindern und Jugendlichen

Die vorbenannten Vorschriften zum Schutz von Kindern und Jugendlichen finden sich im 13. Abschnitt des Besonderen Teils des StGB unter der Überschrift »Straftaten gegen die sexuelle Selbstbestimmung«. Der Gesetzgeber hat durch diese Überschrift deutlich gemacht, dass er im 13. Abschnitt Straftatbestände geschaffen hat, mit denen die Verletzung oder Gefährdung der sexuellen Selbstbestimmung des Opfers bestraft werden soll. Gleichzeitig legt er damit fest, welches Rechtsgut er mit den einschlägigen Vorschriften schützen möchte. Das ist wichtig, weil der Staat zwar über das Gewaltmonopol verfügt, aber dieses nicht willkürlich, sondern nur in einem angemessenen Rahmen ausüben darf. Das »scharfe Schwert der Strafe« darf mithin nur zum Einsatz kommen, wenn der Staat mit der Strafe einen legitimen Zweck verfolgt, der durch den Straftatbestand in angemessener Weise erreicht werden kann.

Bei der sexuellen Selbstbestimmung handelt es sich um ein sehr hochrangiges und schützenswertes Rechtsgut. Sie ist Ausdruck des sogenannten Allgemeinen Persönlichkeitsrechts. Zum Kernbereich des Allgemeinen Persönlichkeitsrechts gehört es, dass jeder Mensch auf der Grundlage einer autonomen Willensbildung selbst entscheiden darf, ob, wann und mit wem er oder sie sexuelle Handlungen vornehmen möchte. Diese Entscheidung spiegelt sowohl seine oder ihre Handlungsfreiheit, aber vor allem auch die jeder Person eigene Menschenwürde wider. Ein Verhalten, durch welches eine Person zu sexuellen Handlungen z. B. durch Gewalt gezwungen wird oder das gegen den ausdrücklich erklärten Willen einer Person erfolgt, kann daher vom Gesetzgeber im Einklang mit dem Grundgesetz unter Strafe gestellt werden.

Wie aber beurteilt sich das geschützte Rechtsgut der sexuellen Selbstbestimmung in Bezug auf Kinder und Jugendliche? Kinder verfügen gerade noch nicht über eine ausgereifte Möglichkeit zur sexuellen Selbstbestimmung im Sinne einer autonomen Entscheidung für oder gegen sexuelle Handlungen. Sie bilden diese Form der Selbstbestimmung im Laufe ihrer Entwicklung mit zunehmendem Alter erst nach und nach aus. Während Kleinst- und Kleinkinder zunächst gar keine Vorstellung über ihre sexuelle Autonomie haben, wird diese während der Pubertät erwachen und schließlich in erste sexuelle Annäherungen mit mehr oder weniger gleichaltrigen Personen einmünden. Der jugendliche und heranwachsende Mensch wird auf diese Weise zunehmend eine gefestigte sexuelle Autonomie ausbilden und seine sexuelle Selbstbestimmung ausleben können.

Der Gesetzgeber hat versucht, den unterschiedlichen Entwicklungsstadien von Kindern und Jugendlichen Rechnung zu tragen, indem er an die einschlägigen Straftatbestände unterschiedliche Voraussetzungen knüpft. So sollen Kinder, also Personen unter 14 Jahren, prinzipiell von Sexualität freigehalten werden. Ihnen soll dadurch ein Raum zugestanden werden, in dem sie ihre eigene sexuelle Selbstbestimmung überhaupt erst ungestört und unbehelligt entwickeln können. Die Vornahme sexueller Handlungen mit Kindern ist daher ausnahmslos mit Strafe bedroht und zwar ganz unabhängig davon, ob das Kind vermeintlich in die sexuelle Aktion eingewilligt oder diese gar von sich aus initiiert haben sollte. Das Gericht kann lediglich dann von Strafe absehen, wenn die sexuelle Handlung einvernehmlich erfolgt und der Unterschied zwischen den Agierenden sowohl im Alter als auch im Entwicklungsstand gering ist. Dies kann z. B. der Fall sein, wenn der Vierzehnjährige und damit strafmündige Junge mit seiner dreizehnjährigen Freundin Zärtlichkeiten austauscht und dies geradezu Ausdruck einer altersentsprechenden Entwicklung ist.

Für Jugendliche ist ein solcher absoluter Schutzraum nicht mehr im selben Maße vorgesehen. Ihnen wird aufgrund ihrer fortgeschrittenen Entwicklung die grundsätzliche Möglichkeit zugestanden, sich sexuell auszuprobieren. Der Gesetzgeber achtet dabei allerdings darauf, dass zwischen der jugendlichen Person und dem Sexualpartner bzw. der Sexualpartnerin kein Machtgefälle besteht.

Unter Strafe gestellt ist daher z. B. die Vornahme sexueller Handlungen mit jugendlichen Schutzbefohlenen (§ 174 StGB – z. B. zwischen Jugendlichen und Ausbilder bzw. Ausbilderin), unter Ausnutzung einer Zwangslage (§ 180 Abs. 1 StGB), gegen Bezahlung (§ 180 Abs. 2 StGB) oder unter Ausnutzung der fehlenden Fähigkeit des Jugendlichen zur sexuellen Selbstbestimmung (§ 182 Abs. 3 StGB). Ferner wird bestraft, wer bestimmte sexuelle Handlungen, die Jugendliche involviert und die mit dem klassischen, entwicklungsbedingten jugendlichen sexuellen Ausprobieren nicht in Einklang zu bringen sind, fördert. Zu nennen sind hier z. B. die Bestimmung des Jugendlichen zur Vornahme sexueller Handlungen gegen Entgelt (§ 180 Abs. 3 StGB – die Jugendliche wird z. B. überredet, sexuelle Handlungen mit einer anderen Person gegen Geld vorzunehmen) oder das Vermieten einer Wohnung an eine jugendliche Person, die in dieser Wohnung der Prostitution nachgeht (§ 180a Abs. 2 Nr. 1 StGB).

Der 13. Abschnitt des StGB bietet damit einen in der Sache ausgewogenen Ansatz zum entwicklungsgerechten Schutz von Kindern und Jugendlichen. Der Fokus dieses Kapitels soll im Folgenden auf den Vorschriften zum sexuellen Missbrauch von Kindern (Personen unter 14 Jahren) liegen.

Die sexuelle Handlung

Gemäß § 176 Abs. 1 StGB wird mit Freiheitsstrafe nicht unter einem Jahr bestraft, wer sexuelle Handlungen an einem Kind vornimmt oder an sich von einem Kind vornehmen lässt (Nr. 1), ein Kind dazu bestimmt, dass es sexuelle Handlungen an einem Dritten vornimmt oder von einem Dritten an sich vornehmen lässt (Nr. 2), oder ein Kind für solche Taten anbietet oder nachzuweisen verspricht (Nr. 3). Der Gesetzgeber hat die Mindeststrafe mit Wirkung zum 1. Juli 2021 von sechs Monaten auf ein Jahr Freiheitsstrafe angehoben und damit die Tat von einem Vergehen zu einem Verbrechen aufgestuft. Diese Entwicklung dürfte von vielen Menschen begrüßt werden, weil der sexuelle Missbrauch von Kindern nachvollziehbar ganz allgemein als eine fürchterliche Tat bewertet wird, die in der Vorstellung vieler Menschen – leider in vielen Fällen zu Recht – zudem mit den schlimmsten vorstellbaren Szenarien einhergeht. Tatsächlich ist die generelle Strafwürdigkeit des sexuellen Missbrauchs von Kindern in keiner Weise zu bezweifeln. Zu bedenken ist jedoch, dass der Strafrahmen eines Straftatbestandes das Gericht in die Lage versetzen muss, eine gerechte und schuldangemessene Strafe für jede Tathandlung zu finden, d. h. sowohl für den schlimmsten als auch für den geringsten vorstellbaren Fall. Der Strafrahmen des § 176 Abs. 1 StGB reicht dabei von einem bis zu fünfzehn Jahren Freiheitsstrafe.

Die Frage, welche Fallkonstellationen von § 176 StGB tatsächlich erfasst werden, beurteilt sich danach, was unter einer sexuellen Handlung zu verstehen ist. Gemäß § 184h Nr. 1 StGB sind in Bezug auf alle Sexualdelikte sexuelle Handlungen nur solche, die im Hinblick auf das jeweils geschützte Rechtsgut von einiger Erheblichkeit sind. Diese Norm ist jedoch wenig hilfreich, weil die Vorschrift keine Aussage darüber trifft, was eine sexuelle Handlung tatsächlich ist. Wertet man die Literatur und Rechtsprechung hierzu aus, liegt eine sexuelle Handlung unstreitig immer dann vor, wenn sie nach ihrem äußeren Erscheinungsbild einen Sexualbezug aufweist, wie dies bei der Ausübung von Vaginal-, Oral- oder Analverkehr zweifellos der Fall ist. Probleme bereiten jedoch jene zahlreichen ambivalenten Handlungen, die nicht eindeutig einen Sexualbezug aufweisen. Folglich können derlei Handlungen unterschiedliche Ziele verfolgen und auch unterschiedlich interpretiert werden. So kann etwa der Griff von hinten zwischen die Beine eines unbekleideten Kindes, um dieses am Weglaufen zu hindern oder das Berühren der unmittelbaren Umgebung des Geschlechtsteils beim Griff in die Hose eines Kindes zum Richten der Kleidung abhängig vom jeweiligen Kontext Raum für verschiedene Interpretationen bieten. Dasselbe kann für Fälle gelten, bei denen Kinder an der weiblichen

Brust saugen (vgl. OLG Oldenburg, Beschluss vom 22. Dezember 2009 – 1 Ss 210/09). Ob es sich um eine sexuelle oder um eine fürsorgliche Handlung handelt, ist dabei jeweils aus der Sicht eines unbeteiligten Dritten zu beurteilen, der die Umstände des Einzelfalles kennt. Entscheidend dürften stets die jeweiligen Umstände des Einzelfalles sein: Erfolgt der Griff durch Vater, Mutter oder durch eine fremde Person? Wie lange dauert der Vorgang an? Findet er im Freien auf einer belebten Gartenparty oder im Verborgenen, statt? Gibt es einen überzeugenden Grund für die Handlung? usw. Es ist also in der Praxis nicht in jedem Fall einfach, festzustellen, ob überhaupt eine sexuelle Handlung mit dem Kind vorgenommen wurde. Die Beispiele zeigen ferner, dass es Zweifelsfälle geben mag, die das Gericht zwar als sexuelle Handlung interpretiert, die aber gleichwohl von sehr geringer Eingriffsqualität sein können. Ob diese Fälle tatsächlich mit einer Freiheitsstrafe von einem Jahr Mindeststrafe schuldangemessen bestraft sind, mag jede und jeder selbst für sich beurteilen und wird ggf. vom Bundesverfassungsgericht geklärt werden müssen.

Die tatbestandliche Ausgestaltung des sexuellen Missbrauchs von Kindern

Liegt eine sexuelle Handlung vor, dann wird mit ihr das Recht des Kindes auf seine ungestörte sexuelle Entwicklung verletzt. Dabei kommt es nicht darauf an, ob es zwischen dem Kind und dem Täter oder der Täterin zum Körperkontakt kommt oder nicht. Der Gesetzgeber wertet sexuelle Handlungen mit Körperkontakt (sog. *Hands-on-Delikte*) als schwerwiegender als sexuelle Handlungen ohne Körperkontakt (sog. *Hands-off-Delikte*) und sieht für erstere folglich eine höhere Mindeststrafe vor.

Strafbarkeit der sexuellen Handlungen mit Körperkontakt

Wie bereits dargelegt, wird gemäß § 176 Abs. 1 StGB mit Freiheitsstrafe von einem bis zu fünfzehn Jahren im Grunddelikt bestraft, wer sexuelle Handlungen an einem Kind vornimmt oder an sich von einem Kind vornehmen lässt (§ 176 Abs. 1 Nr. 1 StGB) oder das Kind dazu bestimmt, sexuelle Handlungen an einem Dritten vorzunehmen oder von einem Dritten an sich vornehmen zu lassen (§ 176 Abs. 1 Nr. 2 StGB), oder das Kind für solche Taten anbietet oder nachzuweisen verspricht (§ 176 Abs. 1 Nr. 3 StGB). Mit § 176c StGB (Schwerer sexueller Missbrauch von Kindern) hat der Gesetzgeber einen Qualifikationstatbestand geschaffen. Einen schweren sexuellen Missbrauch von Kindern begeht danach z. B., wer selbst mindestens 18 Jahre alt ist und mit dem Kind den Beischlaf vollzieht oder dieses dazu bestimmt, den Beischlaf mit einem Dritten zu vollziehen. Dasselbe gilt, wenn es sich um sexuelle Handlungen handelt, die mit einem Eindringen in den Körper verknüpft sind (§ 176c Abs. 1 Nr. 2 StGB). Ferner liegt ein schwerer sexueller Missbrauch vor, wenn die Tat von mehreren gemeinschaftlich begangen wird (§ 176c Abs. 1 Nr. 3 StGB) oder wenn das Kind durch die Tat in die Gefahr einer schweren Gesundheitsschädigung oder einer erheblichen Schädigung der körperlichen oder seelischen Entwicklung gebracht wird (§ 176c Abs. 1 Nr. 4 StGB). Ist der Täter oder die Täterin bereits in den letzten fünf Jahren wegen des sexuellen Missbrauchs von Kindern verurteilt worden und begeht er oder sie nun erneut eine solche Tat, liegt ebenfalls ein schwerer sexueller Missbrauch von Kindern vor (§ 176c Abs. 1 Nr. 1). Der Strafrahmen für den schweren sexuellen Missbrauch von Kindern beläuft sich auf zwei bis fünfzehn Jahre Freiheitsstrafe. Ebenso wird gemäß § 176c Abs. 2 StGB bestraft, wer einen sexuellen Missbrauch des Kindes gemäß § 176 Abs. 1 Nr. 1 oder Nr. 2 StGB begeht und dabei die Absicht hat, die Tat zum Gegenstand einer pornografischen Darstellung zu machen, die verbreitet werden soll. In Fällen, in denen das Kind bei der Tat körperlich schwer misshandelt oder durch die Tat in die Gefahr des Todes gebracht wird, beläuft sich der Strafrahmen gemäß § 176c Abs. 3 StGB von fünf Jahren bis fünfzehn Jahren Freiheitsstrafe. Verursacht der Täter durch den sexuellen Missbrauch mindestens leichtfertig den Tod des Kindes, so ist die Strafe gemäß § 176d StGB lebenslange Freiheitsstrafe (z. B. bei Mord) oder Freiheitsstrafe von zehn bis fünfzehn Jahren bei anderen Tötungsdelikten.

Strafbarkeit der sexuellen Handlungen ohne Körperkontakt

Gemäß § 176a Abs. 1 StGB (Sexueller Missbrauch von Kindern ohne Körperkontakt mit dem Kind) wird mit Freiheitsstrafe von sechs Monaten bis zu zehn Jahren insbesondere bestraft, wer sexuelle Handlungen ohne Körperkontakt vor dem Kind vornimmt (§ 176a Abs. 1 Nr. 1 StGB) oder ein Kind dazu bestimmt, dass es selbst sexuelle Handlungen vornimmt (§ 176a Abs. 1 Nr. 2 StGB) oder durch pornografische Darstellungen oder durch entsprechende Reden auf das Kind einwirkt (§ 176a Abs. 1 Nr. 3 StGB). Die Strafbarkeit tritt dabei auch ein, wenn der Täter oder die Täterin nur irrig annehmen, dass sie auf ein Kind einwirken. Ebenso wird bestraft, wer ein Kind für die Begehung dieser Taten anbietet oder nachweist oder sich mit einer anderen Person zu der Begehung einer solchen Tat verabredet (§ 176a Abs. 2 StGB).

Strafbarkeit der Vorbereitung des sexuellen Missbrauchs von Kindern

Mit § 176b StGB (Vorbereitung des sexuellen Missbrauchs von Kindern) hat der Gesetzgeber ferner Vorbereitungshandlungen unter Strafe gestellt. So wird mit Freiheitsstrafe von drei Monaten bis zu fünf Jahren bestraft, wer z. B. mit Abbildungen oder in Chats auf Kinder einwirkt und dabei beabsichtigt, dass sich das Kind dem Täter oder der Täterin sexuell zuwendet (§ 176b Abs. 1 Nr. 1 StGB) oder sich etwa den Besitz an pornografischen Abbildungen, die das Kind zeigen, zu verschaffen (§ 176b Abs. 1 Nr. 2 StGB). Mit dieser Vorschrift kriminalisiert der Gesetzgeber das sogenannte Cybergrooming, also das Annähern des Täters oder der Täterin an das Kind, um dieses sexuell zu missbrauchen. Häufig gehen die Täter und Täterinnen dabei so vor, dass sie sich in Chaträumen bewegen, die vornehmlich von Kindern genutzt werden, um dort mit ihnen in Missbrauchsabsicht in Kontakt zu treten. Zwar wird in diesem Vorbereitungsstadium das Rechtsgut der ungestörten sexuellen Entwicklung noch nicht zwangsläufig verletzt. Der Gesetzgeber kann aber Strafen auch an solche Handlungen knüpfen, die Rechtsgüter abstrakt gefährden. Die Strafbarkeit tritt dabei auch ein, wenn der Täter oder die Täterin nur irrig annehmen, sie würden mit einem Kind chatten, während es sich tatsächlich z. B. um einen Polizeibeamten handelt.

Mit Freiheitsstrafe von zwei bis fünfzehn Jahren muss gemäß § 176c Abs. 2 StGB (schwerer sexueller Missbrauch von Kindern) rechnen, wer sexuelle Handlungen ohne Körperkontakt mit dem Kind zum Gegenstand einer pornografischen Darstellung machen will, die verbreitet werden soll. Verursacht der Täter oder die Täterin gemäß § 176d StGB (Sexueller Missbrauch von Kindern mit Todesfolge) mindestens leichtfertig den Tod des Kindes, so ist – wie bei den Hands-On Delikten – die Freiheitsstrafe lebenslange Freiheitsstrafe oder Freiheitsstrafe von zehn bis fünfzehn Jahren.

Mit § 176e StGB (Verbreitung und Besitz von Anleitungen zu sexuellem Missbrauch von Kindern) begibt sich der Gesetzgeber noch weiter in den Bereich der Kriminalisierung von Vorbereitungshandlungen. Nach dieser Vorschrift wird mit Geldstrafe oder Freiheitsstrafe bis zu drei Jahren u. a. bestraft, wer Anleitungen zur Begehung eines sexuellen Missbrauchs von Kindern mit und ohne Körperkontakt verbreitet etc., die dazu bestimmt sind, in anderen Menschen die Bereitschaft zu fördern, solche Taten zu begehen. Auch der Besitz und die Besitzverschaffung derartiger Anleitungen sind gemäß § 176e Abs. 3 StGB strafbar.

Ebenfalls in den Bereich der Kriminalisierung der Vorbereitungsdelikte gehört der mit Wirkung zum 1. Juli 2021 in Kraft getretene § 184l StGB (Inverkehrbringen, Erwerb und Besitz von Sexpuppen mit kindlichem Erscheinungsbild). Nach dieser Vorschrift wird mit Freiheitsstrafe bis zu fünf Jahren oder Geldstrafe bestraft, wer z. B. eine kindliche Sexpuppe herstellt, anbietet, bewirbt, mit ihr Handel treibt oder sie sonst veräußert. Der Gesetzgeber befürchtet, dass Nutzer und Nutzerinnen derartiger Sexpuppen ihre Hemmungen ablegen könnten und dazu übergehen, sexuelle Handlungen mit realen Kindern vorzunehmen. Einen validen Beleg für diese These bleibt er jedoch schuldig. So wird teilweise dagegen argumentiert, dass die Vornahme sexueller Handlungen mit einer kindlichen Sexpuppe das Verlangen nach sexuellen Handlungen mit realen Kindern gerade abmildern und Kinder daher schützen könnte.

Die Verbreitung, der Erwerb und der Besitz kinderpornografischer Inhalte gemäß § 184b StGB

Kinderpornografie, die ein reales Geschehen zeigt, ist in vielen Fällen nichts anderes als die Abbildung des sexuellen Missbrauchs von Kindern nach den §§ 176 ff. StGB. Zuweilen wird daher das Wort »Kinderpornografie« als verharmlosend empfunden. Diese Sichtweise ist nachvollziehbar, aus rein juristischer Sicht ist diese Problematik jedoch aufgrund der Ausgestaltung des Begriffs durch Rechtsprechung und Literatur nicht einfach zu lösen. Hinzu kommt, dass die Definition von Kinderpornografie über die reine Missbrauchsabbildung hinausgeht und auch dann vorliegt, wenn ein teilweise unbekleidetes Kind in aufreizend geschlechtsbetonter Körperhaltung abgebildet wird oder die Darstellung die sexuell aufreizende Wiedergabe der unbekleideten Genitalien oder des unbekleideten Gesäßes des Kindes zeigt.

Derartige Darstellungen, die ein reales Kind abbilden, werden als tatsächliche Kinderpornografie bezeichnet. § 184b StGB ist aber darüber hinaus auch dann anwendbar, wenn sich die Darstellung nicht auf reale Kinder, sondern auf wirklichkeitsnahe Abbildungen (z. B. Computeravatare oder Jugendliche, die als Kinder zurecht gemacht sind) oder fiktive Abbildungen (z. B. Comiczeichnungen) bezieht. Allerdings knüpft der Gesetzgeber unterschiedliche Voraussetzungen und Strafrahmen an diese verschiedenen Kategorien. So wird etwa seit dem 1. Juli 2021 das Verbreiten, der Besitz und die Besitzverschaffung von tatsächlicher und wirklichkeitsnaher Kinderpornografie mit Freiheitsstrafe von einem bis zu zehn Jahren (Verbreiten und Besitzverschaffung gemäß § 184b Abs. 1 Nr. 1 und Nr. 3 StGB) bzw. mit Freiheitsstrafe von einem Jahr bis zu fünf Jahren (Besitz gemäß § 184b Abs. 3 StGB) bestraft. Diese Tathandlungen wurden damit zum Verbrechen aufgestuft. Die Lehrerin, die sich eine entsprechende Abbildung von ihren Schülern auf ihre WhatsApp-Adresse übersenden lässt, muss daher abhängig vom Einzelfall mit einer Mindestfreiheitsstrafe von einem Jahr sowie ggf. mit dem Verlust ihres Beamtenstatus rechnen. Der Gesetzgeber begründet den Strafrahmen damit, dass hinter der Kinderpornografie häufig ein realer Missbrauch steht bzw. dass ein solcher nach Betrachtung derartiger Pornografie im Sinne eines Nachahmungseffektes zu befürchten ist. Inwieweit diese Begründung für die Aufstufung zum Verbrechen tragfähig ist und ob sich eine solche Tatfolge tatsächlich in allen Fällen mit dem Schuldprinzip in Einklang bringen lässt, wird ggf. das Bundesverfassungsgericht zu beurteilen haben. Es scheint jedenfalls wenig plausibel zu sein, dass die Mindeststrafe für den Besitz an kinderpornografischen Inhalten mit einer Mindestfreiheitsstrafe von einem Jahr genauso hoch ist wie die Mindeststrafe für die Begehung des sexuellen Missbrauchs nach § 176 Abs. 1 StGB.

Für die Verbreitung von fiktiver Kinderpornografie sieht der Gesetzgeber in § 184b Abs. 1 Satz 2 StGB eine Freiheitsstrafe von drei bis fünf Monaten vor.

Soweit jugendpornografische Darstellungen betroffen sind, richtet sich die Strafbarkeit nach § 184c StGB (Verbreitung, Erwerb und Besitz jugendpornografischer Inhalte). Für den Strafrahmen des Besuchs oder der Veranstaltung kinder- und jugendpornografischer Darbietungen verweist § 184e StGB auf die Strafrahmen der §§ 184b und 184c Abs. 1 und Abs. 3 StGB.

Weitere strafrechtliche Aspekte

Die Verjährung des sexuellen Missbrauchs von Kindern richtet sich nach den §§ 78 ff. StGB. Gemäß § 78a StGB beginnt die Verjährung grundsätzlich, sobald die Tat beendet ist. Allerdings sieht § 78b Abs. 1 Nr. 1 StGB vor, dass die Verjährung bei Opfern des sexuellen Missbrauchs von Kindern bis zur Vollendung des 30. Lebensjahres ruht. Die Verjährung dieser Taten beginnt damit erst dann zu laufen, wenn das Opfer 30 Jahre alt geworden ist. Die Dauer der sodann beginnenden Verjährungsfrist ergibt sich aus § 78 StGB und kann sich zwischen 30 Jahren bei Taten, die mit lebenslanger Freiheitsstrafe bedroht sind (§ 176c StGB), und bis zu fünf Jahren bei Taten bewegen, die eine Höchststrafe von einem bis fünf Jahren vorsehen (z. B. § 176b StGB).

Hinsichtlich der zu verhängenden Sanktionen ist zu beachten, dass jugendliche und heranwachsende Täter und Täterinnen nach dem Jugendgerichtsgesetz verurteilt werden. Für nach dem Erwachsenenstrafrecht abgeurteilte Täter und Täterinnen gilt, dass Freiheitsstrafen bis zu maximal zwei Jahren unter bestimmten Voraussetzungen zur Bewährung ausgesetzt werden können, wenn zu erwarten ist, dass künftig keine Straftaten mehr begangen werden. Auch die Verhängung von Maßregeln kann in Betracht kommen und hier insbesondere die Unterbringung in der Sicherungsverwahrung nach den §§ 66 ff. StGB. Die Sicherungsverwahrung wird unter bestimmten engen Voraussetzungen angeordnet, wenn zu erwarten ist, dass der Täter oder die Täterin einen erheblichen Hang zur Begehung von erheblichen Straftaten hat und für die Allgemeinheit gefährlich ist. In diesen Fällen bleibt der oder die Betroffene nach Verbüßung der Strafhaft weiterhin in staatlicher Verwahrung. Während der Unterbringung in der Sicherungsverwahrung wird u. a. durch Therapieanreize versucht, die Gefährlichkeit der verwahrten Person zu mindern.

Gemäß § 181b StGB kann das Gericht neben der Strafe auch eine Führungsaufsicht anordnen, wenn die Gefahr besteht, dass der Täter oder die Täterin weitere Straftaten begehen wird. Das Gericht kann dem oder der Betroffenen namentlich anweisen, die für eine elektronische Überwachung ihres Aufenthaltes erforderlichen technischen Mittel in betriebsbereitem Zustand bei sich zu führen (»elektronische Fußfessel«). Auf diese Weise kann z. b. sichergestellt werden, dass sich der oder die Betroffene bestimmten Kindergärten, Schwimmbädern etc. nicht unentdeckt nähert oder dass der oder die Betroffene einen bestimmten Bereich nicht unentdeckt verlässt.

Fazit

Der sexuelle Missbrauch von Kindern ist ein komplexes und unakzeptables Phänomen, welches für die Betroffenen mit schlimmsten Folgen einhergehen kann. Die Bestrafung der Täterinnen und Täter ist zweifellos erforderlich und gerechtfertigt. Dabei ist allerdings – wie bei allen staatlichen Handlungen – dem Ultima-Ratio-Prinzip folgend sicherzustellen, dass die Ausgestaltung der Straftatbestände verhältnismäßig, ausgewogen und in sich schlüssig bleibt. Die von dem Bundesministerium der Justiz und für Verbraucherschutz im Jahre 2015 eingesetzte Reformkommission zum Sexualstrafrecht hat hierzu unter Einbeziehung von Wissenschaftlern und Wissenschaftlerinnen aus verschiedenen Fachgebieten in ihrem Abschlussbericht zahlreiche Vorschläge unterbreitet, deren Lektüre (nicht nur) für den Gesetzgeber lohnen dürfte.

Wege durch das Strafverfahren

Martina Peter

Wenn ein Kind sexualisierte Gewalt erleben musste und sich daran ein Strafverfahren anschließt, tauchen in diesem Zusammenhang viele Fragen auf. Die wichtigste dürfte lauten: Kann das Kind ein Strafverfahren durchstehen, ohne dass es zu sehr belastet wird oder sich dadurch in einer hilflosen Situation wiederfindet? Denn eine solche Situation kann das Gefühl von Ohnmacht oder sogar eine neue Traumatisierung hervorrufen. Was kommt bei einem Strafverfahren überhaupt auf die Betroffenen zu? Davor wird sich möglicherweise die Frage stellen, ob die Straftat überhaupt angezeigt werden soll und wenn ja, wie eine solche Anzeige erstattet werden kann. Denn auch wenn gewichtige Gründe für eine Strafanzeige sprechen, müssen dieser Schritt und etwaige Folgen gut durchdacht werden. Um alle Fragen abwägen zu können, ist es wichtig zu wissen, wie Kindern am besten geholfen werden kann, wenn ein Strafverfahren durchgeführt wird. Wie ein solches Verfahren abläuft und welche Unterstützungsmöglichkeiten es gibt. Diese praktischen Aspekte sollen im Folgenden erläutert werden.

Opfer von sexualisierter Gewalt sind für die Durchführung eines Strafverfahrens in vielen Fällen von großer Bedeutung. Denn oft kommt es auf ihre Aussage und/oder auf die Dokumentation der Verletzungen an, die als »Beweismittel« im Strafprozess dienen. Diese bilden häufig die Entscheidungsgrundlage für die Staatsanwaltschaft bei der Frage, ob überhaupt eine Anklage erhoben wird oder ob das Strafverfahren, etwa mangels hinreichenden Tatverdachts, eingestellt werden muss. Wird eine Anklage durch die Staatsanwaltschaft erhoben und ein Strafverfahren eingeleitet, kommt diesen Beweismitteln eine entscheidende Bedeutung zu. Obwohl dies bei Opferzeug:innen auch Druck aufbauen kann, sprechen gewichtige Gründe dafür, eine Straftat anzuzeigen. Zunächst einmal wird dadurch überhaupt erst die Möglichkeit eröffnet, ein Strafverfahren in Gang zu setzen, mit dem Täter:innen überführt werden können. Gerade im Bereich der sexualisierten Gewalt dürfte es selten (ausgenommen hiervon ist der Bereich der Pornographie) vorkommen, dass die Strafverfolgungsbehörden auf anderem Wege von den Straftaten erfahren.

In der Broschüre des Bundesministeriums der Justiz »Ich habe Rechte«, die sich an Jugendliche richtet, die Opfer von Straftaten geworden sind, sagt eine betroffene Jugendliche dazu:[6]

> »Man sollte eine Anzeige erstatten, weil es sich lohnt, gegen Probleme zu kämpfen und weil der Täter damit nicht rechnet. Die staatlichen Einrichtungen helfen, der Kinderschutzbund, die Beratungsstellen, Therapeuten, man kriegt so viel Unterstützung. Man muss alle Hilfe annehmen, die ei-

---

6 Broschüre des Bundesministeriums der Justiz (BMJ): Ich habe Rechte. Ein Wegweiser für jugendliche Zeugen und Zeuginnen durch das Strafverfahren, S. 23 (https://www.bmjv.de).

nem angeboten wird. Das ist das, was man in dem Moment tun kann: Sich nicht zurückziehen, sich nicht unterkriegen lassen, egal wie hart es nach der Anzeigeerstattung wahrscheinlich wird.«

Ein weiterer Grund, der für eine Strafanzeige spricht: Nur so können weitere Straftaten und weiteres Leid verhindert werden. Es ist zudem wichtig, dass vom Gericht verurteilte Täter:innen zur Verantwortung gezogen werden, nicht zuletzt damit sie sich mit ihren Taten auseinander setzen müssen.

Beratung und Unterstützung

In jedem Fall sollte möglichst frühzeitige Beratung und Unterstützung in Anspruch genommen werden. Denn es ist wichtig, dass betroffene Kinder und ihre Bezugspersonen Hilfe bei den sich ergebenden komplexen Fragestellungen und Problemlagen erhalten, die im Nachgang einer Gewalterfahrung auftreten. Es gibt verschiedene Unterstützungsmöglichkeiten, an die sich sowohl Betroffene und Angehörige als auch Fachkräfte wenden können. Es gibt verschiedene Hilfetelefone, die vertraulich und kostenfrei Hilfe und Unterstützung anbieten und auch an weitere Einrichtungen vor Ort vermitteln können. Zu nennen ist in diesem Zusammenhang insbesondere das *Hilfe-Telefon Sexueller Missbrauch* des Vereins N.I.N.A. e. V, welcher vom *Unabhängigen Beauftragten für Fragen des sexuellen Kindesmissbrauchs* (= UBSKM) gefördert wird.[7]

Unterstützung vor Ort bieten auch die Opferhilfeeinrichtungen (Anlaufstellen am Ende dieses Beitrags). Die Beratungsgespräche sind vertraulich und die Fachkräfte sind nicht verpflichtet, die Informationen von sich aus an die Strafverfolgungsbehörden weiterzugeben. Erfahren jedoch die Strafverfolgungsbehörden anderweitig von der Tat und benötigen sie die Aussage der Beratungs-

---

[7] Siehe die Seite: http://www.hilfe-portal-missbrauch.de.

stellenmitarbeiter als Beweismittel, müssen diese im Rahmen ihrer Zeugenpflicht aussagen.

Beweissicherung, Zeugenaussage und Anzeige

Es ist wichtig, Beweise zu sichern. Betroffene sexualisierter oder körperlicher Gewalt können sich von einem Arzt oder einer Ärztin untersuchen lassen, um die sichtbaren Verletzungen dokumentieren und bescheinigen zu lassen. Verletzungen oder andere Spuren werden rechtsmedizinisch untersucht und gesichert und auf Wunsch auch anonym dokumentiert. Diese Leistungen können grundsätzlich alle Ärztinnen und Ärzte einer Arztpraxis oder im Krankenhaus erbringen. In vielen Städten gibt es aber auch spezielle Gewaltschutzambulanzen. Auch hier gibt es keine Verpflichtung, eine Straftat gegenüber Strafverfolgungsbehörden zu melden.

Die Anzeige einer Straftat kann mündlich oder schriftlich erstattet werden, d. h. sie kann sowohl persönlich als auch per Post oder online über die sogenannten »Internetwachen« oder »Onlinewachen« der Polizei erfolgen. Nach der Strafprozessordnung kann bei jeder Polizeidienststelle, jeder Staatsanwaltschaft oder jedem Amtsgericht in Deutschland eine Strafanzeige erstattet werden. Eine Straftat, die im Ausland erfolgt ist, kann ebenfalls in Deutschland angezeigt werden. Es spricht jedoch auch einiges dafür, eine Strafanzeige wegen sexualisierter Gewalt nach vorheriger Terminabsprache bei der örtlich zuständigen Fachdienststelle der Kriminalpolizei für Sexualdelikte zu erstatten. Diese verfügen in der Regel über speziell ausgebildetes Personal, das eine kindgerechte Befragung gewährleisten und so die weitere Belastung des betroffenen Kindes möglichst klein halten kann. Die Kontaktdaten der örtlichen Kriminalpolizei können im Internet recherchiert werden.

Auf Antrag der Betroffenen wird der Eingang der Strafanzeige schriftlich bestätigt werden. Meistens wird Betroffenen ohnehin eine Vorgangsnummer mitgeteilt, mit der sie sich jederzeit nach dem Stand des Verfahrens erkundigen können.

Der weitere Gang des Ermittlungsverfahrens liegt dann – mit Ausnahme der Delikte, die nur auf Antrag und damit mit dem Willen der oder des Verletzten verfolgt werden können –, in der Verantwortung der jeweiligen Staatsanwaltschaft. Eine Strafanzeige kann ab diesem Zeitpunkt nicht mehr zurückgenommen werden. Auf Antrag der/des Betroffenen ist diese/r darüber zu unterrichten, ob das Verfahren eingestellt wurde bzw. wann und wo eine Hauptverhandlung stattfindet und welche Beschuldigungen erhoben wurden oder wie das gerichtliche Verfahren ausgegangen ist.

Verlauf des Strafverfahrens

Ein Verfahren läuft dann in der Regel folgendermaßen ab: Wenn sich die Beschuldigungen erhärten, leitet die Staatsanwaltschaft ein Ermittlungsverfahren ein. Sollte die Staatsanwaltschaft folglich die Beweismittel für ausreichend erachten, erhebt sie Anklage oder stellt in leichteren Fällen Antrag auf Erlass eines Strafbefehls. Sollten jedoch nach Ende der Ermittlungen nicht genügend Beweise für die Schuld des oder der Tatverdächtigen vorliegen oder liegen andere in der Strafprozessordnung genannte Gründe vor, kann die Staatsanwaltschaft das Ermittlungsverfahren auch einstellen.

Ist Anklage erhoben worden, beschließt das Gericht, ob das sogenannte Hauptverfahren eröffnet wird, im Zuge dessen es meist zu der sogenannten Hauptverhandlung kommt. Die Dauer einer Hauptverhandlung hängt von vielen Faktoren ab. Je nach Umfang des Sachverhalts kann sie von wenigen Stunden über mehrere Tage bis hin zu Wochen, Monaten, ja sogar Jahren dauern. Nach Abschluss des Hauptverfahrens erfolgt schließlich die gerichtliche Entscheidung – dies wird oft die Verurteilung des Angeklagten sein, es kann aber auch ein Freispruch oder eine Einstellung des Verfahrens erfolgen. Unter Umständen werden nach dem ersten Urteil weitere gerichtliche Instanzen angerufen, d. h. es erfolgt eine gerichtliche Überprüfung der Entscheidung des vorausgehenden Rechtszuges.

Es lässt sich daher schlecht vorhersagen, wie lange ein Verfahren dauert und auch wie viel Zeit die Betroffenen aufwenden müssen. Eine Aussage bei der Polizei ist in aller Regel notwendig, um Beweise zu sichern und ein Verfahren in Gang zu bringen. Es können aber aus mehreren Gründen weitere Aussagen nötig werden. Dem Angeklagten muss auf Grundlage der Europäischen Menschenrechtskonvention und der Strafprozessordnung unabhängig vom unerlässlichen Opferschutz ein faires Verfahren garantiert werden. Daher kann ihm beispielsweise nicht versagt werden, in der nach den Umständen erforderlichen und geeigneten Form Fragen an die Zeug:innen zu richten. Zum anderen liegen der Strafprozessordnung u. a. der sogenannte »Unmittelbarkeitsgrundsatz« sowie das Prinzip der Mündlichkeit zugrunde. D. h., dass im weiteren Verfahren grundsätzlich nicht nur auf schriftliche oder mit anderen Mitteln aufgezeichnete Dokumentationen der Polizei zurückgegriffen werden kann. Das Gericht muss grundsätzlich selbst die Gelegenheit erhalten, Beweise zu erheben und die Beweismittel zu würdigen. Wenn es entscheidend auf die Zeugenaussage ankommt, kann es zudem vorkommen, dass das Gericht ein Gutachten in Auftrag gibt. Eine psychologische Sachverständige oder ein Sachverständiger überprüft in diesem Fall die Zeugenaussage mit Hilfe wissenschaftlicher Kriterien. Dies kann zu einer weiteren Vernehmung durch die Sachverständige oder den Sachverständigen führen. Hierzu müssen die Zeug:innen bzw. deren Vertretungsberechtigte aber einwilligen, d. h. gegen den Willen des Betroffenen kann ein solches Gespräch nicht stattfinden. Behelfsweise kann eine Begutachtung der Zeugenaussage in der Hauptverhandlung oder in einer ermittlungsrichterlichen Vernehmung erfolgen, wobei die Zeug:innen grundsätzlich zur Teilnahme verpflichtet sind.

Um die Belastungen für Opferzeug:innen durch Mehrfachvernehmungen zu reduzieren, hat der Gesetzgeber mehrere Vorschriften erlassen. Zum Beispiel kann bei besonderer Schutzbedürftigkeit der Opferzeug:innen die Staatsanwaltschaft Anklage beim Landgericht anstatt beim Amtsgericht erheben, um so den Betroffenen Mehrfachvernehmungen durch mehrere Hauptverhandlungen in zwei verschiedenen Instanzen von vornherein zu ersparen. Um Mehrfachaussagen zu vermeiden, können des Weiteren bereits im Ermittlungsverfahren richterliche Vernehmungen per Video aufgezeichnet werden, um dann in der Hauptverhandlung verwendet werden zu können. Diese ermittlungsrichterliche Videovernehmung muss erfolgen, wenn damit die schutzwürdigen Interessen der Opfer von sexualisierter Gewalt besser gewahrt werden können und die Betroffenen dieser Verfahrensweise zugestimmt haben. Insbesondere für minderjährige Opfer von Sexualdelikten wird diese Art der Vernehmung schon seit längerem angewandt. Dieses Vorgehen bietet folgende Vorteile: Zum einen findet sie in der Regel in einem geschützten Rahmen in einem wesentlich kleineren Setting statt als eine gerichtliche Hauptverhandlung. Die ermittlungsrichterliche Vernehmung führt nur die/der Ermittlungsrichter:in durch. Die anderen Verfahrensbeteiligten, insbesondere Verteidigung und Angeklagte, haben das Recht zur Mitwirkung, aber es besteht insbesondere bei minderjährigen Verletzten die Möglichkeit, dass sie von einem getrennten Raum aus beiwohnen. Die Fragen an die/den Zeug:in werden nur durch den/die Richter/in gestellt, was in aller Regel als entlastend empfunden wird. Zum anderen erhöht das Vorliegen einer gut dokumentierten ausführlichen Vernehmung des Kindes nach den Erfahrungen der Praxis in vielen Fällen die Geständnisbereitschaft von Angeklagten, sofern sie sich der Straftat tatsächlich schuldig gemacht haben, und kann auch deswegen weitere Vernehmungen ersparen. Das Gericht des Hauptverfahrens kann jedoch entscheiden, ob es die ermittlungsrichterliche Vernehmung in der Hauptverhandlung verwenden will oder ob stattdessen oder ergänzend eine persönliche Vernehmung der Zeugin oder des Zeugen in der Hauptverhandlung erforderlich ist. Ladungen zu einer richterlichen Zeugenvernehmung im Ermittlungsverfahren oder in der Hauptverhandlung sind Folge zu leisten, es sei denn, dass die Erziehungsberechtigten der Meinung sind, dass das minderjährige Kind eine solche Befragung nicht bewältigen kann. In einem solchen Strafverfahren stehen den Betroffenen während des Strafverfahrens zahlreiche Schutz- und Unterstützungsangebote zur Verfügung. Eines der wichtigsten ist die psychosoziale Prozessbegleitung, die eine besonders intensive und professionelle Form der nicht-rechtlichen Begleitung während des gesamten Strafverfahrens darstellt. Sie umfasst die Informationsvermittlung sowie die qualifizierte Betreuung und Unterstützung von Verletzten, wobei sogar ein Anwesenheitsrecht bei Vernehmungen besteht.

Die Psychosoziale Prozessbegleitung

Bei der Schaffung der Regelungen für die psychosoziale Prozessbegleitung, die zum 1. Januar 2017 in Kraft getreten sind, wurden insbesondere die Bedürfnisse von Kindern und Jugendlichen in den Blick genommen, die Opfer schwerer Gewalt- und Sexualstraftaten geworden sind. Diese haben daher einen Rechtsanspruch auf kostenlose psychosoziale Prozessbegleitung. Erwachsene Opfer schwerer Gewalt- und Sexualverbrechen können ebenfalls kostenlose psychosoziale Prozessbegleitung erhalten, wenn dies nach Ansicht des Gerichts im Einzelfall erforderlich ist.

Die psychosoziale Prozessbegleitung ist die erste Ansprechperson für alle Fragen, die mit dem Ablauf des Strafverfahrens und dessen Auswirkungen auf die Befindlichkeit der Betroffenen zu tun haben. Sie kann unter anderem auch erklären, welche Beteiligten im Verfahren welche Aufgaben haben und dadurch den Betroffenen auch die verschiedenen Rollen der Verfahrensbeteiligten erläutern. Gerade dies stellt erfahrungsgemäß für die Betroffenen eine große Hilfe dar. Auch kann die Prozessbegleitung bereits vor dem Prozess den Zeug:innen das Gerichtsgebäude oder den Gerichtssaal zeigen. Nach Abschluss des Verfahrens können mit der Prozessbegleitung auch die Eindrücke und mögliche Fragen zum Ausgang des Verfahrens reflektiert werden.

Als nicht-rechtliche Begleitung kann die psychosoziale Prozessbegleitung keine Rechtsberatung und keine rechtliche Vertretung bieten – dies wird üblicherweise von der Nebenklagevertretung übernommen. Da die psychosoziale Prozessbegleitung gesetzlich dem Gebot der Neutralität verpflichtet ist und die Zeugenaussage in keiner Weise beeinflusst werden darf, führt sie auch keine Gespräche über die Tat und den Inhalt der Aussage. Auch kann und soll die psychosoziale Prozessbegleitung keine Therapie oder psychologische Beratung ersetzen – allerdings können von ihr Therapieangebote oder weitere Hilfen aufgezeigt und vermittelt werden.

Die Begleitung durch eine psychosoziale Prozessbegleitung wirkt sich in aller Regel positiv auf die Stabilität der Zeug:innen aus, so dass diese vielfach überhaupt erst in die Lage versetzt werden, ihre Aussage machen zu können. Anschaulich berichtet eine psychosoziale Prozessbegleiterin auf dem Hilfeportal des BMJV über ihre Arbeit.[8] Hier finden sich auch weitere wichtige Informationen sowie hilfreiche weiterführende Links etwa auf die Seiten der Länder, wo die Verzeichnisse der zugelassenen psychosozialen Prozessbegleitungen gelistet werden. Um die Beiordnung einer psychosozialen Prozessbegleitung zu erhalten, ist ein Antrag bei Gericht erforderlich, bei dessen Erstellung eine Beratungsstelle oder die Nebenklagevertretung helfen kann.

---

8 Siehe dazu das Informationsvideo mit Susanne Hampe, Sozialarbeiterin beim Bellis e. V. in Leipzig auf: http:/www.hilfe-info.de.

Therapeutische Versorgung

Bei Strafverfahren gegen die sexuelle Selbstbestimmung steht der Zeugenbeweis oftmals im Mittelpunkt der Beweisaufnahme. Dies ist insbesondere immer dann der Fall, wenn die Aussagen von Verletzten gegen jene der Beschuldigten stehen und keine oder kaum weitere Beweismittel vorhanden sind. In der juristischen Praxis wird teilweise die Meinung vertreten, dass eine psychotherapeutische Behandlung von Opfern sexualisierter Gewalt negative Auswirkungen auf den Beweiswert der Aussage im Strafverfahren haben könnte, da durch den Therapieprozess die Erinnerung an den Tathergang beeinflusst bzw. überlagert werden kann. Es kommt daher immer wieder vor, das Betroffenen geraten wird, mit einer Therapie bis zum Abschluss des Strafverfahrens zu warten.

Unabhängig davon, ob diese Befürchtung zutrifft, steht das Kindeswohl immer an erster Stelle. Deshalb müssen Kinder, die eine Therapie benötigen, diese auch bekommen. Es liegt auf der Hand, dass sich der Beginn der Therapie nach den individuellen Bedürfnissen der Betroffenen richten muss. Zwar hat der Bundesgerichtshof (BGH) bestimmte Anforderungen an aussagepsychologische Begutachtungen aufgestellt. Dabei hat er u. a. deutlich gemacht, dass diese Gutachten sich auch dazu äußern sollen, ob in der Zeugenaussage Erinnerungslücken »konstruktiv geschlossen« wurden, oder ob die Aussage durch »Parallelerlebnisse« zustande gekommen sein könnte.[9] Kurzum, er fordert eine Stellungnahme zu der Frage, ob die durchgeführte Therapie die Aussage beeinträchtigt hat. Daraus lässt sich jedoch weder schlussfolgern, dass ein Therapiebeginn während des Strafverfahrens grundsätzlich Auswirkungen auf dessen Ausgang hat, noch dass der Beweiswert einer Aussage zwingend leidet, wenn der Tathergang bereits Gegenstand einer Therapie war. Richter:innen können daher sehr wohl die

---

9 BGHSt 45, 164 und das Urteil vom 30. Juli 1999 (LG Ansbach) BGH 1 StR 618/98.

Aussagen eines Kindes nach Maßgabe der vom BGH aufgestellten Kriterien auch im Lichte eines bereits erfolgten Therapiebeginns sachgerecht würdigen. In diesem Zusammenhang wird jedoch einmal mehr deutlich, dass eine gut dokumentierte Aussage des Kindes durch eine richterliche Videovernehmung bereits im Ermittlungsverfahren sehr hilfreich sein kann.

Kommt es trotz oder statt einer ermittlungsrichterlichen Vernehmung mit Aufzeichnung zu einer Zeugenvernehmung in der Hauptverhandlung, so sind hier weitere Schutzvorkehrungen für Kinder vorgesehen. Die psychosoziale Prozessbegleitung ist gerade auch bei einer Vernehmung in der Hauptverhandlung von größter Bedeutung. Sie kann die gesamte Zeit über an der Seite des Kindes bleiben – auch während seiner Aussage, um so zur psychischen Stabilisierung beizutragen. Eine weitere Besonderheit in der Strafprozessordnung ist die Befragung minderjähriger Verletzter nur durch die vorsitzenden Richter:innen. So müssen minderjährige Verletzte nicht damit rechnen, vor Gericht vom Beschuldigten oder auch von dessen Verteidiger persönlich mit Tatvorwürfen konfrontiert zu werden und von ihnen zu seiner Aussage befragt zu werden. Die Strafprozessordnung sieht vor, dass Vernehmungen von Kindern allein durch Vorsitzende vorgenommen werden. Unmittelbare Befragungen der anderen Verfahrensbeteiligten dürfen nur gestattet werden, wenn kein Nachteil für das Wohl der Zeug:innen zu befürchten ist. In bestimmten Fällen ist auch die Entfernung des Angeklagten während der Vernehmung möglich oder das Gericht kann eine audiovisuelle Vernehmung von Zeuginnen und Zeugen anordnen, die sich in einem anderen Raum befinden und auf ihren Wunsch dort von der ihnen beigeordneten psychosozialen Prozessbegleitung begleitet werden.

Die Nebenklage

Eine gute Möglichkeit für Betroffene, an einem Verfahren aktiv teilzunehmen, stellt die Nebenklage dar. Verletzte sexualisierter Gewalt können sich in der Regel dem Verfahren als Nebenkläger:innen anschließen. Das Recht zur Nebenklage, eine sogenannte Nebenklagebefugnis, steht Betroffenen immer dann offen, wenn der oder die Beschuldigte zur Tatzeit mindestens 18 Jahre alt gewesen ist und die Betroffenen Opfer einer bestimmten Straftat geworden sind, wozu beispielsweise auch der sexuelle Missbrauch gehört. Bei unter 18-jährigen Beschuldigten gilt dies nur im Falle besonders schwerer Straftaten. Der Rechtsbeistand kann für seine Mandanten beantragen, dass diese als Nebenkläger:innen zugelassen werden.

Wenn Betroffene dafür keinen Rechtsbeistand einschalten möchten, können sie sich aber auch selbst an das Gericht oder vorsorglich bereits im Ermittlungsverfahren an die Staatsanwaltschaft wenden. Alle Betroffenen, die als Kind Opfer eines Sexualdelikts wurden, erhalten auf ihren Antrag unabhängig von ihrem Einkommen einen für sie kostenlosen Rechtsbeistand – einen sogenannten Opferanwalt, der im Verfahren als Nebenklagevertretung auftritt. Die Bestellung kann bereits im Ermittlungsverfahren erfolgen. Bei weiteren Fragen zu diesem Thema können Opferhilfeeinrichtungen, insbesondere die spezialisierten Fachberatungsstellen, oder die Rechtsanwält:innen weiterhelfen.

Nebenklagende haben im Strafverfahren mehr Rechte und keine zusätzlichen Pflichten. So müssen sie beispielsweise keine eigene Anklageschrift einreichen. Sie müssen auch keine Anträge stellen. Aber sie können dies tun, so wie sie als Nebenklägerin oder Nebenkläger auch eigene Erklärungen abgeben können.

Wichtig ist auch das gegenüber einfachen Zeug:innen erweiterte Anwesenheitsrecht: Nebenklagebefugte und natürlich Nebenkläger:innen sind – wie auch deren Rechtsbeistände – berechtigt, an der gesamten Gerichtsverhandlung teilzunehmen, selbst wenn die Öffentlichkeit ausgeschlossen wird. Dieses Recht steht »einfachen«

Zeug:innen nicht zu, denn diese müssen nach ihrer Zeugenaussage den Saal verlassen. Nebenkläger:innen werden auch immer zu den Hauptverhandlungsterminen geladen. Zudem steht der Nebenklage ein erweitertes Auskunftsrecht zu. So werden Nebenkläger:innen die Entscheidungen des Gerichts immer zugestellt und wenn sie Auskünfte oder Abschriften aus den Akten möchten, müssen sie dies nicht gesondert begründen. Schließlich haben Nebenkläger:innen die Möglichkeit, sich in bestimmten Fällen gegen Entscheidungen des Gerichts zu wenden.

Es empfiehlt sich, auch dieses Thema in einer Beratungsstelle früh anzusprechen. Viele Opferhilfeeinrichtungen können hilfreiche Hinweise geben, manche vergeben sogar selbst Zertifikate und bilden Rechtsbeistände im Feld der Opferrechte fort. Eine Spezialisierung im Bereich Opferrechte als »Fachanwalt für Opferrechte« ist derzeit in Deutschland allerdings noch nicht möglich, wurde jedoch bereits von verschiedener Seite angemahnt.[10]

Auch wenn die mit einem Strafverfahren verbundenen Mühen für Opferzeug:innen hoch sind – durch die Inanspruchnahme der zahlreichen Unterstützungsangebote kann es Betroffenen hoffentlich gelingen, einen guten Weg durch ein Strafverfahren zu finden. In vielen Fällen kann ein Strafverfahren dazu beitragen, das erlebte Leid besser zu verarbeiten und idealiter sogar abzuschließen. Um es mit den Worten einer Betroffenen auszudrücken:[11]

»Es spricht viel dafür, dass danach alles besser wird. Es hilft, wenn man sich ordentlich auseinandersetzt, man wird selbstbewusster.«

---

10 Zuletzt etwa im *Abschlussbericht* des Bundesbeauftragten für die Anliegen von Opfern und Hinterbliebenen von terroristischen Straftaten im Inland, bes. S. 87 (https://www.bmj.de).
11 Broschüre des Bundesministerium der Justiz (BMJ): Ich habe Rechte. Ein Wegweiser für jugendliche Zeugen und Zeuginnen durch das Strafverfahren, S. 20 (https://www.bmjv.de).

Weiterführende Links

hilfe-info.de (Seite des Bundesministeriums der Justiz mit weiterführenden Links und Hinweise für Betroffene zu Unterstützungsmöglichkeiten und zum Ablauf eines Strafverfahrens)

hilfe-portal-missbrauch.de (Seite des UBSKM mit vielen nützlichen Links und Informationen)

nina-info.de (N.I.N.A. steht für Nationale Infoline, Netzwerk und Anlaufstelle zu sexualisierter Gewalt an Mädchen und Jungen. Seit Mai 2014 hat N.I.N.A. die Trägerschaft und fachliche Leitung vom bundesweiten Hilfe-Telefon Sexueller Missbrauch übernommen und bietet als ergänzendes Angebot zudem eine spezialisierte Online-Beratung für Jugendliche, Erwachsene und Fachkräfte an.)

odabs.org (hier können Fachberatungsstellen vor Ort recherchiert werden – odabs ist als Beratungsstellen-Finder auch in das Informationsangebot hilfe-info.de integriert.)

Prävention, Unterstützung und Hilfe für Betroffene – Eine juristische Perspektive

Andrea Kliemann, Wolfgang Feuerhelm

Der folgende Beitrag befasst sich mit jeglichen aktiven und passiven Handlungen, die sich gegen die sexuelle Selbstbestimmung von Kindern und Jugendlichen richten. Darunter fallen nicht nur durch Berührungen oder gar Penetration ausgeführte Übergriffe, sondern z. B. auch das Erzwingen aktiver sexueller Handlungen von Betroffenen, ebenso wie das Erdulden von Übergriffen und auch sexualisierte Handlungen via digitaler Medien (Herstellung und Konsum sogenannter Kinderpornografie, Cyber-Grooming, Sexting etc.).

Rechtlicher Schutz vor sexuellem Kindesmissbrauch

So vielfältig die möglichen Begehungsformen sind, so vielfältig sind auch die rechtlichen Präventions-, Interventions- und Unterstützungsmöglichkeiten. Als Meilenstein in der gesellschaftlichen, politischen und fachlichen Auseinandersetzung mit sexualisierter Gewalt gegen Kinder kann sicherlich der Runde Tisch »*Sexueller Kindesmissbrauch in Abhängigkeits- und Machtverhältnissen in privaten und öffentlichen Einrichtungen und im familiären Bereich*« bezeichnet werden.

Anfang 2010 brach in Deutschland der sogenannte »Missbrauchsskandal« auf: Im Laufe weniger Wochen wurden immer neue, skandalöse Vorfälle sexuellen Missbrauchs an Kindern und Jugendlichen in Institutionen wie der katholischen Kirche, öffentlichen Schulen und anderen kirchlichen und (reform-)pädagogischen Einrichtungen, Vereinen und Heimen bekannt. In diesem Zuge berief die Bundesregierung in erstaunlicher Geschwindigkeit ein fachliches Gremium aus Praxis, Forschung und Wissenschaft ein – besetzt mit ausgewiesenen Expert:innen aus Kinder- und Opferschutzverbänden, Zusammenschlüssen von Beratungseinrichtungen für Opfer, Familienverbänden, aus der Kinder- und Jugendpsychiatrie, Schul- und Internatsträgern, der Freien Wohlfahrtspflege, den beiden großen christlichen Kirchen und dem Rechtswesen. Nach eineinhalb Jahren intensiver Arbeit wurde 2011 der Abschlussbericht mit fachlich durchdachten und abgestimmten »*Leitlinien zur Prävention und Intervention sowie zur langfristigen Aufarbeitung und Initiierung von Veränderungen nach sexualisierter Gewalt durch Mitarbeiterinnen und Mitarbeiter in Institutionen*« vorgelegt, die im Laufe der folgenden Jahre von den Institutionen umgesetzt wurden und weiterhin werden (https://www.bundesregierung.de/breg-de/service/publikationen/ sexueller-kindesmissbrauch-in-einrichtungen-727962). Zudem wurden zahlreiche weitere Anstrengungen gemacht, um das Thema auch nach Abklingen der großen öffentlichen Aufmerksamkeit im

Fokus zu halten, (potentielle) Opfer zu schützen, die Arbeit gegen sexuellen Kindesmissbrauch weiter fachlich zu qualifizieren und die Aufarbeitung vergangener Geschehnisse voranzutreiben. So wurde beispielsweise eigens das Amt eines Unabhängigen Beauftragten für Fragen des sexuellen Kindesmissbrauchs (https://beauftragter-missbrauch.de) eingerichtet, ein Betroffenenrat wurde einberufen, ein Hilfetelefon zur kostenfreien und anonymen Beratung für Betroffene wurde eingerichtet (https://www.anrufen-hilft.de), ebenso wie eine rund um die Uhr erreichbare, kostenlose Medizinische Kinderschutzhotline für Fachkräfte im Kinderschutz (https://www.kinderschutzhotline.de) – um nur einige wenige der Bemühungen der letzten Jahre zu nennen.

Quasi zeitgleich mit dem Runden Tisch wurde das Bundeskinderschutzgesetz beraten, welches am 1. Januar 2012 in Kraft trat. Es enthält umfassende Änderungen an mehreren bestehenden Bundesgesetzen zum Kinderschutz, sowie ein neues »Gesetz zur Kooperation und Information im Kinderschutz« (KKG), welches u. a. genaue Vorgaben für schweigepflichtige Fachkräfte, die mit Kindern, Jugendlichen und Familien arbeiten (z. B. Kinderärzt:innen), dazu macht, wie sie bei einem Verdacht auf Kindeswohlgefährdung vorzugehen haben (§ 4 KKG). D. h., dass die Fachkräfte zunächst selbst dafür sorgen sollten, Abhilfe zu schaffen und die Gefährdung mit eigenen Mitteln abzuwenden. Aber auch, wo sie sich vertraulich beraten lassen können und unter welchen Voraussetzungen sie das Jugendamt mit ins Boot holen dürfen, wenn das Kindeswohl nicht anders geschützt werden kann.

Im Juni 2021 ist zudem das Kinder- und Jugendstärkungsgesetz (KJSG) in Kraft getreten. Es führt den mit dem Runden Tisch und dem Bundeskinderschutzgesetz begonnenen Prozess der Qualifizierung des Kinderschutzes konsequent fort und entwickelt ihn auf Grundlage der Erfahrungen aus den letzten rund zehn Jahren weiter. So wurde beispielsweise die Zusammenarbeit der Verantwortlichen (Jugendamt und z. B. Heilberufe) erheblich gestärkt.

Prävention

Insgesamt scheint es, als konzentriere sich der rechtliche Schutz von Kindern und Jugendlichen vor sexualisierter Gewalt vor allem auf den institutionellen Bereich. Dies könnte den Eindruck erwecken oder verstärken, es handele sich um ein Phänomen, das vor allem außerhalb des Privatbereichs vorkomme. Das Gegenteil ist der Fall: Während sexualisierte Übergriffe auf Minderjährige durch Fremdtäter:innen der Ausnahmefall sind, ist die mit Abstand häufigste Form sexuellen Kindesmissbrauchs jene im *sozialen Nahfeld* der Betroffenen. Der fachliche Blick gilt daher ganz besonders diesem sogenannten innerfamiliären Missbrauch.

Präventionsangebote für Betroffene und Beteiligte

Die Präventionsmöglichkeiten sind allerdings gerade im Bereich der Familie aufgrund – zu Recht – fehlender Kontrollmöglichkeiten des Staates begrenzt. Sie bestehen vor allem in vielen kleinen und auch großangelegten Angeboten zur Aufklärung und zum Empowerment für (Schul)Kinder, wie z. B. das Theaterprojekt »Trau dich!« der Bundeszentrale für gesundheitliche Aufklärung (BZgA; https://www.trau-dich.de/), sowie in – leider noch viel zu wenigen – niedrigschwelligen Programmen für (potentielle) Täter:innen mit pädophilen Neigungen, wie z. B. dem Präventionsnetzwerk »Kein Täter werden« (https://www.kein-taeter-werden.de/https://www.kein-taeter-werden.de/).

Institutionen als Schutzorte

Die institutionelle Ebene ist jedoch an sich ein geeigneter Ansatzpunkt für Schutz und Unterstützung für (potentielle) Opfer, da sich Kinder und Jugendliche regelmäßig ganztägig oder zumindest für einen Teil des Tages in den Institutionen aufhalten. Hier nutzt der Gesetzgeber den ihm zur Verfügung stehenden Spielraum, indem er beispielsweise von den Einrichtungen verlangt, dass sie qualifizierte Schutzkonzepte entwickeln und umsetzen, dass sie sich zielführend mit dem Thema Kindesmissbrauch auseinandersetzen, sich dahingehend zu Kompetenzorten entwickeln, niedrigschwellige Beschwerdemöglichkeiten für die von ihnen betreuten, beschulten oder behandelten Kinder bereit halten, sie beschützen, unterstützen, angemessen an den sie betreffenden Maßnahmen beteiligen und sie in ihrer individuellen Entwicklung fördern.

Ausschluss einschlägig Vorbestrafter von kinder- und jugendnahen Tätigkeiten

Institutionen, in denen Kinder und Jugendliche betreut, beschult und behandelt werden, wie Schulen, Kliniken und Jugendhilfeeinrichtungen haben sicherzustellen, dass das Wohl der ihnen anvertrauten Kinder gewährleistet ist, ihre Rechte gewahrt werden und ihnen kein Schaden zugefügt wird. Diese Schutzpflichten umfassen Präventions- und Interventionspflichten: Wer Kinder und Jugendliche betreut, muss dem Risiko von Grenzverletzungen und Machtmissbrauch durch die dort ehrenamtlich und professionell tätigen Personen oder durch andere Kinder und Jugendliche (Peergewalt) vorbeugen.

Es ist allgemein bekannt, dass Menschen mit pädophilen Neigungen besonders häufig Berufe und auch Freizeitbeschäftigungen wählen, in denen sie mit Kindern und Jugendlichen zusammen sind – Lehrkräfte, Trainer:innen, Erzieher:innen, Pflegekräfte in Kinderkliniken etc. Die Möglichkeiten, solche Personen von sogenannten »kinder- und jugendnahen« Tätigkeiten auszuschließen, sind begrenzt, da die Neigungen in der Regel nicht offenkundig sind. Zumindest muss aber gewährleistet sein, dass Personen, bei denen bereits nachgewiesen ist, dass sie gegenüber Kindern bzw. Jugendlichen sexuell übergriffig geworden sind, kein beruflicher oder ehrenamtlicher Kontakt zu Kindern mehr ermöglicht wird. Hierfür ist die jeweilige Institution aufgrund ihrer Schutzpflichten verantwortlich.

Mit Einführung des § 30 a des *Bundeszentralregistergesetzes* (BZRG) im Jahr 2010 gibt es deshalb die Möglichkeit der Vorlage eines erweiterten Führungszeugnisses für Personen ab vierzehn Jahre, das über einschlägige Vorstrafen Auskunft gibt. Kinder- und Jugendhilfeeinrichtungen sind *verpflichtet,* dieses einzufordern. Der Gesetzgeber verspricht sich von der Vorlage eine Abschreckungswirkung. In der Praxis bedeutet dies, dass die Institution, die z. B. einer Lehrkraft, Sporttrainer:in, Erzieher:in, Busfahrer:in, Hausmeister:in, einer Begleitung von Schulausflügen oder Lesepat:in Zugang zu Kindern bzw. Jugendlichen gewähren will, von dieser Person die Vorlage eines erweiterten Führungszeugnisses einfordern sollte (bei längerer Beschäftigung regelmäßig etwa alle drei bis fünf Jahre). Dieses kann die Person unter Vorlage einer schriftlichen Aufforderung durch die Institution recht einfach bei ihrer Meldebehörde oder direkt beim Bundesamt für Justiz (dort auch online) beantragen. Die Gebühr beträgt 13 € und wird von vielen Institutionen übernommen. Leider wird diese Vorschrift in der Praxis aus Gründen der Bequemlichkeit allzu oft ignoriert – vor allem, wenn es um Ehrenamtliche geht. Hier sei der Hinweis erlaubt: Der Aufwand steht in keinem Verhältnis zu den Folgen, den ein Übergriff für alle Beteiligten, die Institution selbst und insbesondere für das betroffene Kind bzw. die betroffenen Kinder hat. Die Beschäftigung eines wegen eines Sexualdeliktes an Kindern vorbestraften Menschen ist rechtlich wie moralisch nicht zu rechtfertigen – auch, wenn er/sie sich den Kindern »nur« ehrenamtlich nähert.

Tipp für Arbeitgeber:innen:
Keine gesetzliche Vorgabe und dennoch von den Verfasser:innen als sehr effektvoll in der Prävention anzusehen sind folgende zwei Maßnahmen:

1. Die partizipative Entwicklung und Anwendung eines Verhaltenskodexes für Mitarbeitende, der als Annex zum Arbeitsvertrag von jedem*jeder Mitarbeitenden unterschrieben werden muss, sowie
2. ein niedrigschwelliges Whistleblowingkonzept, das es Mitarbeitenden, denen übergriffiges Verhalten im Arbeitskontext auffällt, ermöglicht, Auffälligkeiten tatsächlich und zunächst vertraulich zu äußern, ohne dabei befürchten zu müssen eine*n Kolleg*in möglicherweise ungerechtfertigt »an den Pranger zu stellen«.

Das offensive Vertreten dieser Maßnahmen bereits bei der Anbahnung eines Arbeitsverhältnisses macht zugleich die Haltung des/der Arbeitgeber*in deutlich und es besteht die Hoffnung, dass potentiell übergriffige Personen von der Aufnahme einer Tätigkeit bei diesem/dieser Arbeitgeber:in Abstand nehmen. Sollte dies nicht der Fall sein, kommen dann die beiden Präventionsmaßnahmen zum Einsatz.

Hilfe und Unterstützung

Für Hilfe und Unterstützung bei sexualisierten Übergriffen gegen Kinder und Jugendliche ist vorrangig die öffentliche und die freie Jugendhilfe zuständig. Das maßgebliche Gesetz ist das Sozialgesetzbuch Acht (SGB VIII). Daraus ergeben sich die vielfältigen Hilfen und Maßnahmen, die dem Jugendamt zur Verfügung stehen, um jungen Menschen und Familien passgenaue Unterstützung anbieten zu können. Umgesetzt werden die Hilfen dann durch die Träger der Freien Jugendhilfe, also Einrichtungen und Diensten, die z. B. von der Caritas, dem DRK, der Diakonie oder Vereinen vorgehalten werden. Dabei reicht das Unterstützungsangebot von der Erziehungsberatung und spezifischen Beratungsangeboten bei sexualisierter Gewalt, über Tagesgruppen für Kinder, Sozialpädagogische Familienhilfe, bis hin zu einer Unterbringung des Kindes, z. B. in einer Pflegefamilie oder geeigneten Wohngruppe. Sollte Hilfe benötigt werden, wäre – neben spezifischen Fachberatungsstellen – das örtliche Jugendamt der erste Ansprechpartner.

Oft bestehen aber bereits vertrauensvolle Beziehungen der Betroffenen bzw. ihrer Familien zu sogenannten Berufsgeheimnisträger:innen, also Personen, die aufgrund ihres Berufes zur Verschwiegenheit verpflichtet sind, wie z. B. Psycholog:innen, Hebammen, Kinderärzt:innen, Lehrkräften oder Sozialarbeitenden. Auch diese sind oftmals fachlich qualifizierte Ansprechpartner:innen, die mit Rat und Tat zur Seite stehen und bei Bedarf in passende Angebote der Jugendhilfe vermitteln können.

Die staatliche Hilfe und Unterstützung von jungen Opfern sexueller Gewalt hat vor allem deshalb eine große praktische Bedeutung, weil die Täter:innen, die eigentlich verpflichtet wären, Schadensersatz und Schmerzensgeld zu leisten, hierzu vielfach nicht in der Lage sind. Die staatliche Opferentschädigung beruht auf dem Grundgedanken, dass der Staat als Inhaber des Gewaltmonopols auch Verantwortung dafür trägt, seine Bürger:innen vor Gewalttaten (oder zumindest ihren Folgen) zu schützen. So sieht das Opferentschädigungsgesetz (OEG) seit 1976 Leistungen für die Opfer von Gewalttaten vor. In jüngster Zeit wurde dieser Teil des Sozialrechts überarbeitet und als neues SGB XIV im Jahre 2021 erlassen. Allerdings tritt es in einigen Teilen erst 2024 in Kraft. Doch schon heute gibt es im Internet hilfreiche Seiten, die eine Orientierung über Leistungen anbieten und auf zuständige Behörden verweisen (https://www.odabs.org/index.html).

Das OEG zielt darauf ab, die gesundheitlichen und wirtschaftlichen Schäden, die durch eine Gewalttat hervorgerufen wurden, möglichst auszugleichen. Zum Leistungskatalog gehören Heil- und Krankenbehandlungen, auch Psychotherapie, Renten-, Fürsorge- und Rehabilitationsleistungen. Nicht erstattet werden Sach- und

Vermögensschäden, auch ein Schmerzensgeld wird nicht gezahlt. Betroffene sollten sich bei Landesstiftungen (z. B. in Baden-Württemberg) über ergänzende Leistungen informieren. Im neuen Entschädigungsrecht des SGB XIV wird der Kreis der Anspruchsberechtigten erweitert. Als Leistungsberechtigte werden jetzt Geschädigte sowie Angehörige, Hinterbliebene und Nahestehende genannt. Wichtig ist ebenfalls, dass psychische Gewalt ausdrücklich einbezogen wird. Die Herstellung, Verbreitung und öffentliche Zugänglichmachung von Kinderpornografie wird der unmittelbaren Gewalt gleichgestellt. Auch bei den Leistungen wird das Bemühen des Gesetzgebers deutlich, den Betroffenen zeitnah zu helfen. So haben Leistungsberechtigte einen Anspruch auf Fallmanagement und auf psychotherapeutische Behandlung in einer Traumaambulanz als schnelle Hilfe.

An Leistungen sind vorgesehen: Krankenbehandlung, Leistungen zur Teilhabe, Leistungen bei Pflegebedürftigkeit, bei hochgradiger Sehbehinderung, Blindheit und Blindtaubheit. Die Entschädigung erfolgt im Rahmen monatlicher Zahlungen oder auch als einmalige Abfindung. Die Umsetzung des Gesetzes obliegt den Ländern. Diese müssen bis 2024 die einschlägigen Träger benennen. Das neue SGB XIV orientiert sich bei der Höhe der Entschädigung am Grad der Schädigungsfolgen. Dieser dürfte sich allerdings nur eingeschränkt für die Beurteilung der (Spät-)Folgen eines sexuellen Missbrauchs in jungen Jahren eignen. Die Praxis wird hier zeigen, ob das Gesetz auch für diese Personengruppe ein geeignetes Instrument darstellt. Hierbei ist insbesondere fraglich, wie die Behörden mit dem Mindestgrad der Schädigungsfolgen von 30 umgehen, ab dem eine monatliche Rentenzahlung erst möglich ist. Zur Klärung dieser Fragen erscheint es nötig, schon in der Anfangsphase der Umsetzung des SGB XIV eine detaillierte Evaluation zu installieren.

Für die rechtlichen Dimensionen der Hilfe für Opfer sind Rechtsanwält:innen wichtig. Der Zugang zu diesen wird durch die Außenstellen des Weißen Rings erleichtert. Zu deren Leistungen gehört ein Geldbetrag, der eine Erstberatung bei einem/einer Rechtsanwält:in umfasst.

Intervention

Für Interventionen bei sexualisierter Gewalt gegen Kinder oder Jugendliche ist vorrangig die Jugendhilfe zuständig und zwar hier noch mehr als bei den Unterstützungsleistungen: die öffentliche Jugendhilfe. Dieser kommt das sogenannte »staatliche Wächteramt« (Art. 6 Abs. 2 GG) zu und im Falle eines Verdachts auf Kindeswohlgefährdung hat es einen ganz konkreten, differenziert ausgestalteten Schutzauftrag (§ 8a SGB VIII). Erfährt das Jugendamt von einer möglichen Kindeswohlgefährdung, hat es zunächst die Gefährdungslage im Zusammenwirken mehrerer Fachkräfte einzuschätzen und dafür gegebenenfalls auch einen Hausbesuch zu machen. Kommt es zu der Einschätzung, dass das Kindeswohl tatsächlich gefährdet ist, hat es geeignete Hilfen anzubieten, die in der Regel von freien Jugendhilfeträgern umgesetzt werden. Reicht dies nicht aus, oder wird z. B. die Hilfe von den Eltern nicht angenommen, setzt sich das Jugendamt mit dem Familiengericht in Verbindung. Besteht eine dringende Gefahr und kann die Entscheidung des Gerichts nicht abgewartet werden, z. B. weil der Verdacht besteht, dass das Kind im familiären Umfeld missbraucht oder misshandelt wird, so ist das Jugendamt verpflichtet, dieses in Obhut zu nehmen und es bei einer geeigneten Person, in einer geeigneten Einrichtung oder in einer sonstigen Wohnform vorläufig unterzubringen, bis das Familiengericht sich hierzu äußern konnte – soweit die Eltern der Inobhutnahme nicht ohnehin zustimmen (§ 42 SGB VIII). Außerdem hat das Jugendamt das Recht, auch andere Stellen, wie die Gesundheitshilfe oder die Polizei einzuschalten, sollte es dies zur Gefahrabwendung für notwendig halten.

Bestehen gewichtige Anhaltspunkte für eine Kindeswohlgefährdung, dann ergreift das Familiengericht Maßnahmen, die bis hin zu einer Sorgerechtsentscheidung reichen können. Gerade durch Änderungen von einschlägigen Rechtsvorschriften (§ 1666 BGB) in jüngerer Zeit will der Gesetzgeber sicherstellen, dass diese Entscheidungen schnell und flexibel erfolgen. Weiter ist vorgesehen, dass einmal getroffene Entscheidungen des Gerichts fortlaufend überprüft werden. Damit kommt dem Familiengericht eine zentrale Rolle bei der Reaktion auf eine Kindeswohlgefährdung zu. Durch weitere Änderungen durch das Kinder- und Jugendstärkungsgesetz (KJSG) soll die Zusammenarbeit zwischen Jugendamt und Familiengericht weiter gestärkt werden. So hat das Jugendamt dem Familiengericht die für den jeweiligen konkreten Fall aufgestellten Hilfspläne zu übermitteln, um dem Familiengericht eine qualifizierte Entscheidung zu ermöglichen.

Führt eine sexualisierte Gewalttat zu einem Strafverfahren, so stellt auch die Verurteilung eine Form der staatlichen Intervention dar. Die Belastungen der Betroffenen im Zuge eines Strafverfahrens können jedoch massiv sein – insbesondere, wenn der/die Beschuldigte den Tatvorwurf bestreitet. Einige, zum Teil erst kürzlich eingeführte Möglichkeiten versuchen, die Stellung der Deliktopfer zu verbessern. So besteht die Möglichkeit, dass sich Verletzte dem Verfahren mit der Nebenklage anschließen, um im Strafverfahren ein eigenes Antragsrecht zu bekommen und beispielsweise Rechtsmittel gegen die Entscheidung des Gerichts einlegen zu können. Videovernehmungen von Verletzten haben das Ziel, den Zeug:innen eine persönliche Begegnung mit dem/der Täter:in zu ersparen. Seit 2017 besteht zudem die Möglichkeit einer für die Opfer kostenlosen psychosozialen Prozessbegleitung, die eine qualifizierte Betreuung und Unterstützung im Strafverfahren vorsieht. Weitere Informationen hierzu finden sich auf folgender Homepage: bmjv.de.

Der Überblick über die aktuellen Präventions-, Hilfe- und Unterstützungsmaßnahmen bei sexueller Gewalt gegen junge Menschen dokumentiert deutlich, dass die gesellschaftliche Aufmerksamkeit zugenommen hat, die sich auch im Ausbau des Hilfeangebots niederschlägt. Erst in einigen Jahren wird man jedoch beurteilen können, ob geänderte gesetzliche Handlungsmöglichkeiten – z. B. beim Sozialen Entschädigungsrecht – zu einer spürbaren Verbesserung der Situation dieser jungen Menschen geführt haben.

Dringender Weiterentwicklungsbedarf besteht bei den strukturellen Hilfebedingungen. Dass es noch immer keine stabile Finanzierungsstruktur für freie Fachberatungsstellen gibt, ist eine schmerzhafte Lücke im Hilfesystem.

Sümpfe und Moore? Sexualisierte Gewalt in der katholischen Kirche

Matthias Drobinski

Eigentlich tun wir den Sümpfen und Mooren Unrecht, wenn wir sie in einen Zusammenhang mit sexualisierter Gewalt setzen. Sümpfe und Moore sind nichts Schlechtes, im Gegenteil. Sie sind wertvolle Biotope, CO_2-Speicher, deren Nutzen man lange Zeit unterschätzt hat. Bund, Länder und Kommunen geben mittlerweile einiges Geld aus, um Moore zu revitalisieren.

Sexualisierte Gewalt gegen Kinder und Jugendliche hingegen ist ein Verbrechen, das sich sowohl gegen den Körper als auch den Geist der Opfer richtet. Seelischer und geistlicher Missbrauch ist zwar schwerer zu fassen, deswegen aber nicht weniger schändlich. Er zerstört die geistige und geistliche Gesundheit von Menschen, oft unwiederbringlich.

Wenn ich also von einem dreifachen Moor, einem dreifachen Sumpf spreche, den ich in Verbindung mit dieser Gewalt geahnt, gesehen, erlebt, journalistisch zu vermessen versucht habe, dann hat das mit der *historischen* und *literarischen* Wahrnehmung des Sumpfes und des Moores zu tun. Sümpfe und Moore galten einst als unwirtliche, lebensfeindliche Orte, als Krankheitsherde, die man glaubte, in großer zivilisatorischer Anstrengung trockenlegen zu müssen. Sie waren Orte des Nebulösen und Unheimlichen, des schwankenden Bodens, wo ein Fehltritt den Tod bedeuten konnte. Hinabgezogen wurde dann der Unglückliche, umso sicherer, je mehr er strampelte. »O schaurig ist's, übers Moor zu gehn ...« dichtete Annette von Droste-Hülshoff.

Das Moor als Ort des Nebels, der bösen Ahnung, einer unheimlichen, allesverschluckenden Macht – immerhin diese Vorstellung passt tatsächlich zu meiner ersten Sumpferfahrung. Da ist etwas im Untergrund, aber du bleibst besser nicht stehen, schaust besser nicht hin, springst weiter und schaust, dass Du den Pfad nicht verfehlst.

Ich war Anfang der 80er-Jahre gerade 18 geworden und Leiter einer Gruppe von zwölfjährigen Jungs; wir hatten eine Wochenendfahrt ins einsame Pfarrhaus geplant, das der dortige Pfarrer zu einem Jugendhaus umgebaut hatte, mit Holzofen, knarzenden Stiegen. Bevor Pfarrer G. mir aber den Schlüssel übergab, lud er mich zum Gespräch. Mir kamen das Angebot und seine Art irgendwie unheimlich vor, ich bat daher meinen einhalb Jahre jüngeren Bruder, mitzukommen. Das Gespräch verlief ohne Zwischenfälle. 2010 erfuhr ich dann: Pfarrer G. hatte zahlreiche Missbrauchstaten begangen, bis zu seinem Tod wurde er für keine einzige zur Rechenschaft gezogen. Mein ungutes Gefühl – es hatte recht gehabt.

Eineinhalb Jahre später war ich Zivildienstleistender in einer katholischen Jugendzentrale, und meine Chefin sagte mir: Mit dem Pfarrer F. arbeiten wir nicht zusammen, mit dem stimmt was nicht. Wie wahr: In den 90er-Jahren wurde F. zu einer Gefängnisstrafe auf Bewährung verurteilt, weil er in seiner Mühle, wo er Mädchen und junge Frauen aus schwierigen Verhältnissen beherbergte, diesen sexualisierte Gewalt angetan hatte. Lange, allzu lange, hatte das Bistum Mainz den Täter geschützt.

Wusste wirklich niemand, was da geschah? Auch ich war damals – jung, begeistert, bereit, alles zu verdrängen, was Schatten auf mein Engagement in dieser Jugendarbeit hätte werfen können – schon so nah an diesen Geschichten dran. Was wurde im Mainzer Ordinariat über die Pfarrer F. und G. erzählt, gesammelt und in ›Giftakten‹ gesteckt? Warum waren sie jeweils an die äußeren Ränder des Bistums versetzt – der eine an den Vogelsberg, der andere in den Odenwald? Ich bin auf die nach wie vor ausstehende Untersuchung im Bistum Mainz jedenfalls gespannt. Aber ich fürchte mich auch davor. Damals jedenfalls verschwanden die Ahnungen und Fälle im morastigen Boden einer Kirche, die alles daransetzte, jeden Skandal zu vermeiden und sich mit aller Gewalt vor der Aufdeckung dieser Fälle schützte.

Auch ich musste das erst verstehen lernen. Im Jahr 2000, ich war bei der Süddeutschen Zeitung gelandet, schrieb ich über die Odenwaldschule. Einmal mehr hatte ich ein ungutes Gefühl. Ich fand den Ort unheimlich, der Schulleiter Becker, so sagte man mir, sei jetzt nicht mehr Schulleiter. Es habe einen absolut unfairen Bericht über Missbrauch in der Frankfurter Rundschau gegeben. Aber man habe jetzt Konsequenzen gezogen. Das Thema sei erledigt. Ich habe daraufhin die Recherchen ruhen lassen. Ich habe auch, frustriert, genervt, aber einsichtig, meinen Beitrag über einen Eishockeytrainer nicht veröffentlicht, der mit den Kindern duschte und sie mit Anzüglichkeiten traktierte. Das sei nicht strafbar, und wer weiß, wie ein Gerichtsverfahren ausgehe, sagten damals erfahrenere Kollegen.

Die erste große Reportage über einen Geistlichen aus dem Bistum Regensburg, den die Verantwortlichen jedoch immer wieder versetzten, sodass dieser immer neue Taten beging, wird in diesem August 20 Jahre alt. Sie brachte mir die Gegnerschaft Gerhard Ludwig Müllers ein, dem damaligen Bischof von Regensburg und der heute Kardinal und Kirchenrichter in Rom ist. Mir wurde Kirchenfeindschaft vorgeworfen, die Mentalität eines Propagandisten vom Nazi-Hetzblatt »Stürmer«. Ich lernte viel in diesen Jahren. Auch über Bischof Müller, der einem jungen Assistenten auffallend große Macht im Bistum einräumte, über einen Generalvikar, der bestimmte Pfarrer in auffälliger Weise förderte, andere wiederum schnell und hart abstrafte. Meine Redaktion hielt zu mir, wobei sich aber irgendwann auch Ermüdung einstellte: Schon wieder so eine unappetitliche Geschichte. Na gut, die machen wir klein im Regionalteil ...

Ich staune noch heute über jene wilden Tage Ende Januar 2010, als der Missbrauch im Canisiuskolleg öffentlich und zum bundesweiten Skandal wurde. Der Mut der ehemaligen Eliteschüler um Matthias Katsch und des Schulleiters Klaus Mertes bewirkten, was viele Betroffene bis dahin nicht geschafft hatten: Sie durchbrachen die Mauer des Schweigens. Die Medien und die Öffentlichkeit glaubten ihnen. Und so wanderten die Geschichten vom Regionalteil auf die Titelseiten. Und immer mehr Menschen meldeten sich, denen Männer der Kirche Gewalt angetan hatten, sexualisierte, körperliche, beides zusammen. Ehemalige des Internates in Ettal, einstige Regensburger Domspatzen, frühere Ministranten aus Garching an der Alz. Es handelte sich zunächst überwiegend um Männer; die Frauen, die Heimkinder, sie sollten später hinzukommen. Im Bistum Augsburg wurde ruchbar, dass der dortige Bischof Walter Mixa, als Stadtpfarrer von Schrobenhausen Kinder geprügelt und als Bischof erwachsene Kapläne bedrängt hatte. Mit viel Mühe konnten ihn die Amtsbrüder zum Rücktritt bewegen.

Und so lichtete sich erstmalig und allmählich der Nebel über einem Sumpf. Das Verborgene, Verdrängte wurde offenbar. Dass der verstorbene Kölner Kardinal Joachim Meisner »Brüder im Nebel« auf jenen Ordner schrieb, in dem er die Akten jener Problempriester abheftete, von denen die Welt nicht erfahren sollte, passt bestens in unser Bild. Dennoch blieb 2010 auch ein Jahr der ›Nebelwerfer‹ und ›Sumpfvernässer‹. Jene also, die hofften, dass diese Entwicklungen bald ein Ende haben, die Betroffenen und die Medien Ruhe geben würden. Jene, die von »bedauerlichen Einzelfällen« sprachen und alles daransetzten, die Hierarchie samt Hierarchen zu schützen, allen voran den amtierenden Papst Benedikt XVI. Das Gutachten über das Leitungsverhalten des Erzbistums München und Freising der Kanzlei Westpfahl Spilker Wastl, das im Januar 2022 veröffentlicht worden ist, belegt dies in deprimierender Weise.

Im zweiten Sumpf stecken jene Menschen fest, die von sexualisierter Gewalt und von Machtmissbrauch in der katholischen Kirche betroffen sind. Ich weiß nicht mehr, mit wie vielen ich wie lange geredet habe. Mit manchen habe ich ein dauerhaftes, professionelles Vertrauensverhältnis entwickelt, andere habe ich ein-, zweimal getroffen; doch immer waren die Gespräche intensiv, erschütternd, manchmal am Rande des Erträglichen.

Erst nach und nach werden die Folgen der körperlichen, der sexualisierten Gewalt und des seelischen Missbrauchs in der Kirche erforscht. Die religiöse Dimension der Gewalt und ihrer Vertuschung macht die Folgen ja noch einmal schlimmer: Derjenige, der von Gottes Liebe spricht, erweist sich als Täter. Der angesehene Pfarrer reißt einen in den Abgrund und nicht irgendein schmieriger Schurke. Und wie soll man sich gegen einen wehren, der in der Gemeinde als ein Gesandter Gottes gilt? Zumal der Priester Repräsentant einer Gemeinschaft ist, die sich als heilig und im Glauben unfehlbar definiert:[12]

> »Die Gesamtheit der Gläubigen, welche die Salbung von dem Heiligen haben, kann im Glauben nicht irren.«

Der Mannheimer Forensiker Harald Dreßing, einer der Autoren der von der Bischofskonferenz in Auftrag gegebenen MHG-Missbrauchsstudie, hat in einem Aufsatz für das Ärzteblatt 2019 die möglichen Folgen zusammengefasst: Depressionen bis hin zum Suizid, Ängste, Posttraumatische Belastungsstörungen, Flashbacks

---

12 Dogmatische Konstitution *Lumen Gentium* Nr. 12.

und Albträume, sexuelle Probleme, Scham- und Schuldgefühle: Bin ich nicht doch irgendwie selbst daran schuld, dass er mich nahm und nicht die anderen? Tatsächlich suchen sich die Täter oft Kinder in einer schwierigen Lebensphase aus, wie z. B. nach der Trennung der Eltern und/oder Kinder mit Schulschwierigkeiten, Kinder und Jugendliche aus ärmeren Elternhäusern, in denen man stolz und froh ist, dass der Herr Pfarrer sich so um das Kind kümmert. Bei vielen Missbrauchsbetroffenen ist das Vertrauen in die Welt und in die Mitmenschen dauerhaft gestört. Lob oder Zuneigung rufen aggressive Abwehr hervor, Beziehungen, Freundschaften, Arbeitsverhältnisse scheitern (▶ Von niemandem gehört – Bericht einer Betroffenen). Nicht alle Betroffenen ringen mit Suizidgedanken, aber die Zahl derer, die sich irgendwann tatsächlich das Leben nehmen, ist überdurchschnittlich hoch. Und selbst äußerlich erfolgreiche Menschen tragen ein Leben lang an der Tat.

Für die Betroffenen der Gewalt hat sich also noch lange kein Nebel gelichtet. Sie stecken im Sumpf, in den sie gestoßen wurden. Sie kämpfen, strampeln, um nicht unterzugehen und um irgendwann da herauszukommen. Sie glauben, festen Boden unter den Füßen zu haben und rutschen wieder ab, tiefer in den Morast, sie bleiben stecken. Im englischsprachigen Raum heißen die Betroffenen sexualisierter Gewalt *Survivors*, Überlebende. Sexualisierte Gewalt kann eine tödliche Gefahr sein.

Auch deshalb ist es für viele Betroffene so wichtig, dass sie nicht nur Anerkennung des erlittenen Leids erfahren, sondern auch eine substantielle Entschädigung – im Bewusstsein, dass dieser Schaden nicht mehr gut zu machen ist (und manche verzichten auch genau deshalb auf Geld), aber in der Erwartung, dass die Kirche anerkennt, dass der Schaden entstanden ist. Auch deshalb empfanden viele die 5000 Euro, die Bischöfe und Orden 2011 als erste Anerkennungszahlungen vereinbarten, als beschämend niedrig.

Im Herbst 2019 schien es, als sei ein Meilenstein erreicht: Eine Milliarde Euro sollte es insgesamt an Leistungen für die Betroffenen geben. Darauf hatte sich eine gemeinsame Kommission bestehend aus Bischöfen, Betroffenen und Fachleuten geeinigt. Dieser Vorschlag scheiterte jedoch am vielfachen Widerstand bei Bischöfen und Ordensvertretern. Auch andere Institutionen, die mit sexualisierter Gewalt durch Mitarbeiter konfrontiert sind, reagierten erschrocken und fürchteten, dass auch auf sie enorme Ansprüche zukommen würden. Jetzt gibt es in der katholischen Kirche in Deutschland ein neues, kompliziertes Verfahren: Eine von der Bischofskonferenz unabhängige Kommission prüft die Anträge der Betroffenen und legt Anerkennungsleistungen fest, die sich an den Schmerzensgeldzahlungen deutscher Gerichte orientiert. Im Jahr 2021 zahlte die katholische Kirche insgesamt 9,4 Millionen Euro an 481 Männer und 125 Frauen. Immerhin: In anderen Institutionen fehlen solche Vereinbarungen gänzlich. Vertreter der Betroffenen kritisieren jedoch, dass auch dieses Verfahren intransparent sei, und dass die meisten Antragsteller weniger als 10 000 Euro erhielten. Hier offenbart sich ein weiteres Problem: Auch die weltlichen Gerichtsurteile sprechen Gewaltopfern häufig nur beschämend niedrige Entschädigungen zu.

Im Jahr 2022 sagte Doris Reisinger, die ihren geistlichen, seelischen und körperlichen Missbrauch in einer Ordensgemeinschaft in zwei Büchern öffentlich gemacht hatte, bei einer Preisverleihung: Sie und andere Betroffene könnten sich über solche Anerkennungen nicht unbeschwert freuen, weil

»uns so unerbittlich klar ist, dass die sogenannte Missbrauchskrise nicht vorbei ist. Weder für uns persönlich noch für die Kirche. Ganz konkret heißt das für mich – und ich weiß für viele der hier anwesenden Betroffenen auch: Die Priester, die mich missbraucht haben, und diejenigen, die ihnen das ermöglicht haben, sind dafür bis heute nicht zur Verantwortung gezogen worden. [...] Es ist für uns als Betroffene unerträglich, die Diskrepanz zwischen dem Auftreten kirchlicher Akteure in der Öffentlichkeit und ihrem Handeln uns gegenüber auszuhalten. Wir, die sich als Betroffene geoutet haben, begleiten immer auch andere Betroffene. Wir tun das in der Regel nebenbei, unentgeltlich und manchmal bis an die Grenze unserer eigenen Erschöpfung. Und so sehen wir permanent, wie bischöfliche Behörden Tag für Tag routiniert Opfern das Leben schwermachen [...] Und wenn sich über einem Bischof doch einmal die dunklen Wolken öffentlicher Empörung zusammenbrauen, dann braucht er nur einmal vor der Kamera laut über die Frauenweihe nachzudenken – und die trübe Stimmung verdunstet unter den Sonnenstrahlen allgemeinen Wohlgefallens. Um es in einem Wort zu sagen, diese sogenannte Missbrauchskrise ist ein einziger Clusterfuck: eine heillos verfahrene Situation aus massenhaft Unwissen, Intransparenz, Inkompetenz, Wunschdenken, PR, Skrupellosigkeit, Machtkonzentration, Machtverschleierung, Gaslighting, entsetzlichem Leiden und spirituellem Kitsch, – und in alledem gibt es sehr wenige Rufer und Ruferinnen in der Wüste, deren Stimmen im Gewirr untergehen.«

Es ist also noch ein weiter Weg, bis dieser zweite Sumpf tatsächlich erfolgreich trockengelegt ist.

Und dann gibt es noch einen dritten Sumpf, in dem die katholische Kirche gleichsam insgesamt steckt. Die Vorgeschichte, wie es dazu kam, reicht weit zurück und ist komplex. Ein für uns zentraler Meilenstein ist in einer ›antimodernen Verhärtung‹ der katholischen Kirche in der Zeit vom ausgehenden 19. und beginnenden 20. Jahrhundert zu sehen. Damals nahm die Selbstdefinition und Selbstwahrnehmung als *Societas perfecta*, als eine sich selbst genügende, nach außen abgeschottete, angeblich heilige, ewige und schließlich unfehlbare Institution zunehmend Konturen an. Zu ihr gehören jene 35 Jahre der Regierungszeit der Päpste Johannes Paul II. und Benedikt XV., die alle Versuche bekämpften, die Reformen des Zweiten Vatikanischen Konzils (1962 bis 1965) fortzuführen. Die katholische Kirche sollte, musste stark und rein sein, ein Gegenentwurf zur weltlichen »Kultur des Todes« (Johannes Paul II.) bleiben. Sie wurde es in zunehmend polemischem Gegensatz zu dieser Welt, zum Leben der meisten Gläubigen. Der Bund der geistlichen Brüder, der diese reine Kirche und vor allem ihre (Ansprüche eigener) Unfehlbarkeit bewahren suchte, beförderte jenen Klerikalismus, den der aktuelle Papst Franziskus beklagt. Eine fundamentalistisch-abstrakte Sexualmoral entfremdete die Katholik:innen vom Lehramt. Und je weiter der Prozess der Säkularisierung in westlichen Gesellschaften voranschritt, desto weniger akzeptierten und tolerierten die Kirchenmitglieder und die Gesellschaft allgemein diesen Zustand.

Dass 2010 der Missbrauchsskandal zum Skandal werden konnte, eben lag auch daran, dass die Katholische Kirche nicht mehr sakrosankt war. Und so war das himmelschreiende Missverhältnis von moralischem Anspruch und Wirklichkeit benennbar geworden. Anfängliche Versuche, der ›neuen‹ Berichterstattung aggressive Gegenwehr entgegenzusetzen, verpufften erfolglos. Das Handeln der Medien mit den Sittlichkeitsprozessen der Nationalsozialisten 1937 zu vergleichen, verfing auch nicht – die Zeit des Leugnens war vorbei. Erste Bischöfe begriffen den Ernst der Lage und trafen sich mit Betroffenen, hörten ihnen zu, glaubten ihnen. Auch Papst Benedikt bekundete in einem Brief an die Katholik:innen Irlands Scham und Reue. Bald darauf beklagte er freilich die »sprungbereite Feindschaft« der Medien und der bösen Welt gegenüber der Kirche. Noch immer ging es darum, die Institution zu schützen, die schwarzen Schafe auszusortieren, die Prävention zu verbessern und nicht darum, Grundsatzfragen zu stellen. Die Haltung war: Wir sind tragischerweise in einen Sumpf geraten. Aber da kommen wir wieder raus, notfalls unter Zurücklassung eines Stiefels.

Das war erneut ein politisch strategisches, viel mehr aber noch ein theologisch-spirituelles Versagen und Verdrängen. Dass die sexualisierte Gewalt die katholische Kirche im Innersten trifft, in dem, was sie glaubt und verkündigen will – das begriff sie offenbar noch immer nicht. Dass der Missbrauch in den Genen, der DNA der Kirche begründet liegt, formulierte erstmals der Hildesheimer Bischof Heiner Wilmer im Jahr 2018 – nach der Veröffentlichung der großen MHG-Studie des Forschungskonsortiums aus Mannheim, Heidelberg und Gießen. Nichts stand in dieser Studie, was man nicht schon geahnt hätte: Fünf Prozent der Priester wurden auffällig, die 3677 dokumentierten Betroffenen sind folglich wohl nur ein kleiner Teil der tatsächlichen Opfer der Gewalt. Die in der Studie von den Forscher:innen ausgewerteten Akten der Beschuldigten und Gespräche mit ihnen geben Hinweise auf die Lage der Missbrauchstäter. Viele leiden unter Einsamkeit, haben Alkoholprobleme, verdrängen ihre (Homo-)Sexualität. Nur eine Minderheit ist fixiert pädophil veranlagt. Die sexualisierte Gewalt in der katholischen Kirche hat statistisch betrachtet also offenbar mit der Lebensform ihrer Priester zu tun, ihrem Umgang mit Macht und Sexualität.

Die öffentliche Empörung war ungeheuer. Seitdem höre ich von einstmals fest in der Institution stehenden Katholikinnen und Katholiken: Ich bin ja eigentlich gläubig, aber dieser Kirche möchte ich nicht mehr angehören. Doch als die Journalistin Christiane Florin den damaligen Bischofskonferenzvorsitzenden, den Münchner Kardinal Reinhard Marx fragt, ob Bischöfe ihren Rücktritt erwägen sollten, da lautet die erstaunte Antwort: Nein. Später hat Kardinal Marx seinen Rücktritt doch angeboten, doch Papst Franziskus hat das Angebot abgelehnt.

Seit 2018 versucht die katholische Kirche geradezu verzweifelt nachzuholen, was sie mindestens seit 2010 versäumt hat. Es gibt mittlerweile zahlreiche Gutachten zum Leitungsverhalten von Bischöfen und Kirchenverantwortlichen bei Missbrauchsfällen; weitere werden folgen. So unterschiedlich ihre Ansätze sind: Sie alle zeigen, dass bis zum Jahr 2010 und manchmal noch darüber hinaus die missbrauchenden Priester im Mittelpunkt des Interesses standen und nicht die Opfer der Gewalt. Im Bistum Köln liegen nun sogar zwei Gutachten vor. Und zwar weil das erste, erstellt von der Münchner Kanzlei Westpfahl Spilker Wastl, das mit den Verantwortlichen scharf ins Gericht geht, dem dortigen Kardinal offenbar kalte Füße bescherte. Im November 2020 stellte er die Untersuchung ein und beauftragte den Strafrechtler Björn Gercke mit der Erstellung eines zweiten Gutachtens, das dann in der Sache nicht weniger desaströs für das Erzbistum und den verstorbenen Kardinal Joachim Meisner ausfiel.

Als Konsequenz aus der MHG-Studie von 2018 bat der damalige Bischofskonferenzvorsitzende Kardinal Marx das Zentralkomitee der deutschen Katholiken, die Vertretung der katholischen Verbände und Diözesanräte, gemeinsam mit den Bischöfen über Macht, Sexualität, Frauenweihe und Zölibat zu diskutieren. Das MHG-Team hatte in der Lebensform der Priester, der rigiden katholischen Sexualmoral und dem Männerbündischen auf der Leitungsebene jeweils Einfallstore für sexualisierte Gewalt und ihre Vertuschung erkannt. Seit dem 1. Dezember 2019 beraten also Hierarchen und Kirchenvolk über die Frage, wie künftig Bischöfe gewählt werden könnten oder wie ein Weiheamt für Frauen aussehen könnte. Vieles wird dort mutig diskutiert. Allerdings müssen zwei Drittel der Bischöfe den Beschlüssen zustimmen, damit sie gültig werden. Und Papst Franziskus hat bereits angekündigt, dass er einer Frauenweihe und überhaupt einer weitergehenden Demokratisierung der katholischen Kirche nicht zustimmen werde.

Es passiert also viel in der katholischen Kirche in Deutschland. Und doch bleibt der Eindruck zurück: Es passiert noch immer zu wenig und vor allem zu spät. Zudem werden alle Änderungen scheinbar lediglich bis auf Widerruf eingeführt, während die Gesellschaft, in der die Katholik:innen leben, längst schon in einer anderen Realität angekommen ist. Und so fragen mittlerweile Kinder empört ihre Eltern: Wie kannst Du Mitglied dieses sexistischen, homophoben Missbrauchsvereins sein? Fast 360 000 Menschen sind im Jahr 2021 aus der katholischen Kirche ausgetreten, so viele wie noch nie in der Geschichte der Bundesrepublik. Sie gehen aus Frust, Ärger und Enttäuschung über eine Institution, der es nicht gelingt, den Missbrauchsskandal angemessen aufzuarbeiten.

Und so muss die katholische Kirche vorerst weiter kämpfen, um sich aus diesem Sumpf zu befreien. Denn das alte System von Machterhalt und Klerikalismus ist stark, viel stärker, als die Reformer es wahrhaben wollen. Dass Hamburgs Erzbischof Stefan Heße trotz desaströser Urteile in zwei Gutachten nicht zurücktreten musste, ist ein Zeichen dafür, dass der emeritierte Papst Benedikt XVI. den angeblichen Moralverfall der sog. 68er für den Missbrauchsskandal verantwortlich macht, ein weiteres und der völlige Kommunikationsabriss zwischen Kardinal Woelki und seinem Kirchenvolk ein drittes. Noch immer ist ein großer Teil der Missbrauchstaten und der kirchlichen Verantwortungslosigkeiten nicht aufgedeckt, geschweige denn aufgearbeitet, es fehlen Untersuchungen aus wichtigen Bistümern wie Mainz, Trier oder Augsburg, aber auch aus fast allen anderen Ordensgemeinschaften. Es werden noch viele weitere Gräuel ans Tageslicht kommen. Und es werden Reformbemühungen prekär und von bestenfalls begrenztem Erfolg bleiben. Währenddessen ist aber das Vertrauen in die Kirche weg und damit auf absehbare Zeit verloren.

Vielleicht hilft es, sich in Erinnerung zu rufen, dass die Kirche durch eigenes Verschulden in diesen Sumpf geraten ist und sich vermutlich so schnell nicht wieder befreien können wird. Vielleicht hilft es, den Dreck auszuhalten, statt Reinheitsfiktionen zu verbreiten. Vielleicht muss diese Kirche, die ihre Macht und ihre vorgebliche Reinheit über alle moralischen Werte stellt, erst zugrunde gehen, damit eine menschenfreundliche Kirche entstehen kann.

Gefährliche Nähe? Sexualisierte Gewalt im Sport

Petra Tzschoppe

Sport kennen die meisten Menschen nicht nur als Pflichtfach aus der Schule, Sport ist ihnen auch als Aktivität in ihrer Freizeit vertraut. Insbesondere für Kinder und Jugendliche gehört Sport zu den häufigsten und beliebtesten Betätigungen. Sowohl in der Familie als auch im Freundeskreis, bei kommerziellen Anbietern wie Fitness-Studios, Kletterhallen, Tanzschulen oder Reitanlagen – Sport wird in unterschiedlichen Kontexten betrieben. Die Mehrzahl der Kinder und Jugendlichen tut dies organisiert in Sportvereinen: fast 60 % der Mädchen und sogar drei Viertel der Jungen im Altersbereich zwischen sieben und vierzehn Jahren sind Mitglied in einem Verein. In absoluten Zahlen heißt das: 6,8 Millionen junge Menschen bis 18 Jahre wurden im Jahr 2021 in den fast 90 000 Vereinen gezählt.

Sportvereine haben also für die Heranwachsenden eine ganz besondere Bedeutung – hier verbringen viele von ihnen einen Teil ihrer Freizeit. Kinder und Jugendliche schätzen am Vereinssport nicht nur die Möglichkeit, sich unter fachlicher Anleitung sportlich weiterzuentwickeln und miteinander zu wetteifern. Besonders wichtig ist es ihnen, dies mit anderen Gleichaltrigen gemeinsam zu tun. Im Sportverein können sie neue Freund:innen finden und sich zusammengehörig fühlen. Auch das Vereinsleben abseits des eigentlichen Trainings, etwa gemeinsame Ausflüge oder Vereinsfeste, trägt zur Beliebtheit bei.

Das Miteinander im Sportverein ermöglicht wichtige Sozialisationserfahrungen und fördert das körperliche wie auch das psychische und das soziale Wohlbefinden. Sport im Verein kann Kindern und Jugendlichen sehr positive Impulse für ihre Persönlichkeitsentwicklung geben.

Sportvereine können aber auch Orte sein, an denen Kinder und Jugendliche sexualisierte Gewalt erleben und schwer traumatisiert werden. Lange Zeit war dies im öffentlichen Bewusstsein kaum präsent. Erst in jüngerer Vergangenheit werden mehr und mehr Fälle sexualisierter Gewalt im Sport öffentlich bekannt. Weltweit hat bspw. der jahrelange sexuelle Missbrauch von mehreren hundert Sportlerinnen im Turnverband *USA Gymnastics* durch den offiziellen Mannschaftsarzt Larry Nassar für Aufsehen und Entsetzen gesorgt. Fälle aus unterschiedlichen Ländern wurden seither öffentlich: sexualisierte Gewalt gegen Shorttrackerinnen, Judoka und Taekwondo-Kämpferinnen in Südkorea; sexuelle Übergriffe an jugendlichen Fußballern im britischen Verband sowie in zahlreichen weiteren internationalen Verbänden.

Auch in Deutschland melden sich zunehmend Betroffene zu Wort und sprechen über das Leid, welches ihnen im Kontext des Sports angetan wurde. Ein wichtiger Schritt, um das Schweigen zu brechen, war der 2019 von der »*Unabhängigen Kommission zur Aufklärung sexuellen Kindesmissbrauchs*« veröffentlichte Aufruf an Betroffene und Zeitzeug:innen von sexualisierter Gewalt im Sport. Der mit verschiedenen Sportmotiven gestaltete Appell wurde auch vom Deutschen Olympischen Sportbund und seinen Mitgliedsorganisationen geteilt. Als Konsequenz dessen fand im Oktober 2020 das öffentliche *Hearing* zum Schwerpunkt »Sexueller Kindesmissbrauch im Sport« statt. Im Zentrum standen dabei die Betroffenen. Viele von ihnen haben sexualisierte Gewalt als Minderjährige erfahren. Erst als Erwachsene, Jahre oder Jahrzehnte später, war es ihnen überhaupt möglich, über das erlebte Unrecht und Leid zu sprechen. Es ging vor allem darum, ihnen zuzuhören und auf die erforderliche Anerkennung und Unterstützung für nunmehr erwachsene Betroffene im Sport aufmerksam zu machen. Mit weiteren Expert:innen aus dem Sport, der Politik und der Wissenschaft wurde darüber gesprochen, wie die Aufarbeitung und der Schutz vor sexualisierter Gewalt im Sport im gesamten Sportsystem umgesetzt werden können.

Mit diesem öffentlichen Hearing wurde dem organisierten Sport die deutliche Botschaft übermittelt, dass Verantwortung übernommen werden muss und Taten weder bagatellisiert noch bestritten werden dürfen. Zugleich war das Hearing ein Signal, dieses Thema zu enttabuisieren, verbunden mit der Bitte und dem Aufruf an weitere Betroffene, sich zu melden.

Das Internetportal »*geschichten-die-zählen*«, das die Aufarbeitungskommission im Januar 2022 gestartet hat, ist ein nächster Schritt. Menschen, die in ihrer Kindheit oder Jugend sexuelle Gewalt erfahren haben, teilen hier öffentlich ihre Geschichte. Derzeit sind es rund 100 Betroffene, die sehr persönlich aus unterschiedlichen Kontexten berichten, dreizehn von ihnen aus dem organisierten Sport.

Auch medial wurden in den zurückliegenden Monaten immer wieder Fälle von sexualisierter Gewalt im Sport bekannt. Unterschiedlichste Sportarten sind bundesweit davon betroffen, Individualsportarten ebenso wie Kampfsport oder Mannschaftsspiele, wie bereits einige Beispiele verdeutlichen:

Der ehemalige Trainer eines Thüringer Sportvereins wurde verurteilt; er hatte über acht Jahre 15 Turnerinnen im Alter zwischen 13 und 16 Jahren wiederholt sexuell missbraucht.

Gegen einen ehemaligen Bundestrainer im Schwimmen wurde ein Strafbefehl wegen sexuellen Missbrauchs einer Schutzbefohlenen beantragt.

Ein Jugendleiter eines Yacht- und Segelclubs in Bayern hat über einen langen Zeitraum ihm anvertraute Kinder und Jugendliche sexuell missbraucht; in 26 Jahren sollen es nahezu 1400 Einzelfälle gewesen sein.

Ein Aikido-Trainer wurde in Dresden zu einer Gefängnisstrafe verurteilt: er hat über mehr als zehn Jahre in 38 Fällen Jungen sexuell missbraucht.

Gegen einen Handballtrainer in Baden-Württemberg wird ermittelt. Er soll über Jahre hinweg in mehreren hundert Fällen knapp zehn Kinder und Jugendliche schwer sexuell missbraucht haben.

Über mehr als 30 Jahre hat ein Tennistrainer im Hamburger Umland Kinder, die er trainierte, sexuell missbraucht.

Der Jugendtrainer eines hessischen Fußballvereins wurde wegen des Verdachts der Vergewaltigung, des sexuellen Missbrauchs und des Herstellens von jugendpornografischen Schriften in Untersuchungshaft genommen.

Jeder einzelne dieser Fälle ist erschütternd und fordert dazu auf, zu klären, warum es im Bereich des organisierten Vereinssports zum Ausüben von sexualisierter Gewalt kommen konnte und wie dem entgegengewirkt werden kann. Was haben diese und weitere Fälle gemeinsam?

Immer wieder wurde Betroffenen nicht zugehört, auf ihre Signale wurde nicht geachtet, ihnen wurde selten im Verein und mitunter nicht einmal im Elternhaus Glauben geschenkt. Die Täter wurden für ihr Engagement häufig besonders geschätzt, sie galten als »Kümmerer« und Förderer sportlicher Talente. Vertrauenspersonen waren sie oft nicht nur für den Verein, sondern gerade für die Betroffenen. Das Vertrauen von Eltern ermöglichte immer wieder, dass gerade Trainer mit einzelnen Kindern und Jugendlichen allein Zeit verbringen konnten. Damit wurde es ihnen möglich, über einen langen Zeitraum sexualisierte Gewalt auszuüben, ohne dass eventuellen Hinweisen nachgegangen wurde. Wir lesen vermehrt von solchen verstörenden Fällen, aber was wissen wir gesichert über das Ausmaß sexueller Übergriffe im organisierten Sport? Wie häufig kommt es zu sexueller Gewalt im Sport? Haben Übergriffe, sexuelle Gewalt oder Misshandlungen zugenommen? Oder ist eine größere Sensibilität entstanden und damit die Bereitschaft, Fälle eher öffentlich zu machen?

Was sagt die Wissenschaft?

Bisher gibt es in nur wenige quantitative Daten dazu. Mit der 2016 veröffentlichten Studie »Safe Sport«, erarbeitet von Wissenschaftler:innen der Deutschen Sporthochschule Köln und des Universitätsklinikums Ulm, wurden erstmals empirische Forschungsergebnisse für Deutschland veröffentlicht (Allroggen et al. 2016). Diese beschränken sich jedoch auf den Bereich des Spitzensports. In der Studie heißt es, dass etwa ein Drittel der fast 1800 an der Befragung beteiligten Kaderathlet:innen bereits einmal sexualisierte Gewalt erfahren hat, die Mehrheit von ihnen ist weiblich. Der Studie wurde ein weites Begriffsverständnis von »sexualisierter Gewalt« zugrunde gelegt, das Formen wie verbale und gestische sexualisierte Übergriffe, sexualisierte Handlungen ohne Körperkontakt und sexualisierte Gewalt mit Körperkontakt miteinbezieht. Überwiegend Erwachsene, aber auch Jugendliche üben sexualisierte Gewalt im Sport aus. Unter Gleichaltrigen im Sport geschieht dies zumeist ohne Körperkontakt. Die Täter sind ganz überwiegend männlich. Die Zahlen Betroffener lassen auch erkennen, dass das Ausmaß an sexualisierter Gewalt im Spitzensport nicht größer ist, als es für die Allgemeinbevölkerung berichtet wird. Es bleibt dennoch eine alarmierende Zahl, die den Sport fordert, den Kampf gegen sexualisierte Gewalt zu intensivieren.

Über diese Ergebnisse für den relativ kleinen Bereich des Spitzensports hinausgehend gelten die Fragen nach der Ausprägung von sexualisierter Gewalt dem Breitensport mit seinen vielen Millionen Sporttreibenden in den Vereinen. Bislang waren in Deutschland dazu noch keine belastbaren quantitativen Daten veröffentlicht worden. Mit dem aktuell von Wissenschaftler:innen der Bergischen Universität Wuppertal und des Universitätsklinikums Ulm durchgeführten Forschungsprojekt »SicherImSport« wird das bestehende Forschungsdefizit verringert. Die Studie untersucht mit Beteiligung von insgesamt elf Landessportbünden Häufigkeiten und Formen von sexualisierten Grenzverletzungen, Belästigung und Gewalt im Breitensport (Factsheet »SicherImSport« 2021). Die im November 2021 veröffentlichten ersten Ergebnisse zeigen, dass ein Viertel der mehr als 4 000 Befragten mindestens einmal sexualisierte Grenzverletzungen oder Belästigungen ohne Körperkontakt im Kontext des Vereinssports erfahren hat. Grundlage war wiederum ein weites Begriffsverständnis, mit dem auch Formen wie anzügliche Bemerkungen oder unerwünschte Text- oder Bildnachrichten mit sexuellen Inhalten erfasst wurden. Von sexualisierter Belästigung oder Gewalt mit Körperkontakt war fast ein Fünftel der Befragten mindestens einmal betroffen. Eine differenzierte Betrachtung deutet darauf hin, dass mit steigendem sportlichem Leistungsniveau auch das Risiko ansteigt, mit Belästigung oder Gewalt konfrontiert zu sein. Ebenso wie in der Studie »Safe Sport« waren auch im Kontext des Vereinssports Frauen häufiger als Männer von sexualisierter Gewalt betroffen. Eine altersdifferenzierte Auswertung der Ergebnisse und damit auch der Umfang von Gewalterfahrungen bei Kindern und Jugendlichen im Breitensport wurde noch nicht veröffentlicht.

Deutlich wurde aber bereits, dass häufig eine Mehrfachbetroffenheit innerhalb und außerhalb des Sports gegeben ist; die meisten Befragten, die sexualisierte Gewalt im Vereinssport erfahren haben, haben diese auch in anderen Kontexten erlebt. Bemerkenswert erscheint auch, dass die Mehrheit aller Befragten bekundet, mit dem Vereinssport insgesamt allgemein gute bis sehr gute Erfahrungen gemacht zu haben.

Hierin wird noch einmal die mögliche Ambivalenz des Sporttreibens im Verein sichtbar: einerseits eine Vielzahl positiver Erlebnisse, freudbetontes und vertrauensvolles Miteinander, andererseits Vorkommnisse von Belästigung und Gewalt sowie fehlende Unterstützung für die Betroffenen.

Neben den wichtigen Daten aus quantitativen Studien sind es die ganz konkreten Fälle, aus denen wir lernen können, wie sexualisierte Gewalt im Sport möglich wird. Gibt es im Sport besondere Risikokonstellationen, welche sind das?

Warum gerade Sport?

Sport weist Besonderheiten auf, die ihn von anderen gesellschaftlichen Handlungsfeldern unterscheiden. Das sind Merkmale, aus denen zum Teil die Anziehungskraft des Sports resultiert, aus denen aber auch besondere Risiken erwachsen können.

Der Körper steht im Fokus sportlicher Aktivitäten, Sport bedeutet immer, mit dem Körper umzugehen und ihn zu verändern. Dabei werden spezifische Körpernormen nicht allein aus funktionaler, sondern in einer Reihe von Sportarten auch aus ästhetischer Perspektive vorgegeben. Die Sportkörper werden zudem im Leistungsvergleich öffentlich präsentiert und damit häufig auch medial zur Schau gestellt.

Körperkontakt ist im Sport vielfach etwas völlig Normales. Im Gegensatz zur ansonsten in den meisten sozialen Bezügen als angemessen empfundenen körperlichen Distanz gibt es diese Distanzzonen im Sport nicht. Das betrifft nicht nur das Ausüben von Kampfsportarten oder Mannschaftsspielen. In jeglichem sportlichen Training sind körperliche Berührungen etwa bei Hilfestellungen oder dem Korrigieren von Bewegungsabläufen üblich und unvermeidlich.

Körperliche Nähe wird auch mit verschiedenen **Ritualen im Sport** erzeugt, etwa dem gemeinsamen Jubeln nach einem Torerfolg, Küsschen bei Siegerehrungen, aber auch dem tröstenden Umarmen nach einer Enttäuschung.

Die spezifische **Kleidung im Sport** rückt häufig ebenfalls den Körper in den Blickpunkt, mitunter wird er dabei eher enthüllt als bedeckt. Zum Teil sind es Bekleidungsvorschriften der Verbände selbst, häufiger aber im Bereich des Spitzensports die über Medien oder Sponsoren latent vermittelten Erwartungen, die insbesondere an Sportlerinnen adressiert werden, wie z. b. beim Beachvolleyball.

Verbunden mit Training und Wettkämpfen finden im Sportkontext ständig auch eigentlich intime **Situationen** wie Umziehen oder Duschen in einem nur eingeschränkt geschützten Rahmen statt.

Wettkampffahrten und Trainingslager markieren gerade für Kinder und Jugendliche besondere Höhepunkte in ihrem sportlichen Leben. Diese sind oft mit gemeinsamen Übernachtungen verbunden, die einer Kontrolle etwa durch die Eltern entzogen sind. Dies gilt auch für Autofahrten zum bzw. vom Training. Generell bietet der Sportkontext Gelegenheiten und abgeschirmte Situationen, die für sexuelle Übergriffe und Gewalt ausgenutzt werden können.

Hierbei kommt auch zum Tragen, dass gerade Trainer:innen von Kindern und Jugendlichen sowohl als Vertrauens- wie auch als Autoritätspersonen wahrgenommen werden. Nicht selten werden sexualisierte Gewalttaten von Personen begangen, zu denen die Heranwachsenden eine starke emotionale Bindung entwickelt haben.

Begünstigt durch diese Besonderheiten des Sports tritt sexualisierte Gewalt in vielfältiger Weise in Erscheinung. Scheinbar unbeabsichtigt kommt es bei der Hilfestellung zu unangemessenen Berührungen, beinahe unbemerkt werden bei Kontrolle der Sportkleidung oder des Körpergewichts Grenzen verletzt. Das Fotografieren oder Filmen von Sportler:innen kann aus Zwecken der Trainings- und Wettkampfdokumentation erfolgen, jedoch auch der Befriedigung sexueller Verlangen dienen. Das Spektrum sexualisierter Gewalt im Sport reicht von abwertenden Sprüchen und anzüglichen Gesten über heimliches Anbringen von Kameras oder unbefugtes Eindringen in Umkleide- und Duschräumen, unerwünschte sexuelle Berührungen bis zur Vergewaltigung.

Daran knüpft sich wiederum die Frage: Warum kann im gemeinnützig organisierten Sport, der doch auf gemeinsamen Werten wie Respekt und gegenseitiger Achtung basiert, sexualisierte Gewalt geschehen?

Zweifellos gibt es individuelle Motive, mit denen sich potenzielle Täter:innen gezielt in den Bereich des Sports begeben, der ihnen einen leichten Zugang gerade zu Kindern und Jugendlichen ermöglicht. Sport stellt mit zahlreichen Situationen für sie eine geeignete Gelegenheit dar, auf einfache Weise Kontakte herzustellen und sich auch körperlich anzunähern. Es besteht also durchaus die Gefahr, dass Personen sich genau mit dieser Intention in Sportvereine begeben.

Darüber hinaus sind es aber gerade strukturelle Gegebenheiten und die Kultur des organisierten Sports, aus denen heraus Erklärungsansätze für das Auftreten von sexualisierter Gewalt gefunden werden können. Hierbei zeigt sich, dass Stärken des Sports zugleich auch als Risiken wirken können.

Sportstrukturen sind insbesondere im Breitensport in hohem Maß durch ehrenamtliche Tätigkeit und freiwilliges Engagement geprägt. Rund sechs Millionen freiwillige Helfer:innen sorgen dafür, dass Vereinsleben möglich ist. Von ihnen werden Kinder zu Wettkämpfen gefahren und Trikots gewaschen, Weihnachtsfeiern im Verein organisiert und vieles mehr. Nahezu eine Million Menschen in unserem Land ist in der Freizeit als Trainer:in, Übungsleiter:in oder Kampfrichter:in im Einsatz. Mit ihrem Wissen und ihrem pädagogischen Geschick ermöglichen sie qualitativ hochwertiges Sporttreiben. Weitere mehr als 700 000 Ehrenamtliche haben in den Vorständen Verantwortung für die Geschicke des gemeinnützigen

Sports übernommen. Gerade das Gewinnen und Binden von Ehrenamtlichen, sowohl für Vorstandspositionen als auch für Betreuungspositionen, wie Trainer:innen oder Übungsleiter:innen, stellt seit Jahren für viele Sportvereine eine der größten Herausforderungen dar. Daher ist der Zugang in solche Positionen niedrigschwellig und Kontrollmechanismen greifen nur eingeschränkt.

Als weiterer Vorzug des gemeinnützig organisierten Sports gilt das vertrauensvolle Miteinander. Ein ausgeprägtes Zusammengehörigkeitsgefühl und eine starke Identifikation mit dem Verein können aber auch hinderlich sein, sexuelle Grenzverletzungen und Übergriffe wahrzunehmen und konsequent zu handeln. Die beinahe familiär erscheinenden sozialen Beziehungen im Verein erschweren es Betroffenen noch mehr, Ansprechpersonen zu finden, denen sie sich bei erfahrener sexueller Gewalt anvertrauen können.

Sport wird auch dafür geschätzt, dass er jungen Menschen die Möglichkeit bietet, ihre spezifischen Talente zu erkennen und zu entwickeln. Die für eine Leistungssportkarriere typischen Prozesse der Selektion und Eliteförderung und die damit gegebene Abhängigkeit von Entscheidungen der Trainer:innen oder Funktionär:innen können jedoch ebenfalls das Entstehen von sexualisierter Gewalt begünstigen. Zudem geht das Bestreben nach ständiger Leistungsverbesserung einher mit Disziplinierung und dem permanenten Anspruch, körperliche Grenzen zu verschieben, so dass die jungen Athlet:innen mitunter gar nicht wissen, wo eine Grenze zu ziehen ist. Für Sportler:innen kann es bedeuten, dass sie die Geschehnisse ertragen und verdrängen, weil sie ihren sportlichen Traum, für den sie und ihr Umfeld zumeist bereits viel investiert haben, nicht aufgeben möchten. Neben dem Wissen, zu den Besten zu gehören, hindern auch die primär auf das sportliche Milieu begrenzten sozialen Kontakte Betroffene daran, sich zu offenbaren.

Die Strukturen der meisten Sportorganisationen sind noch immer von hierarchischen Geschlechterverhältnissen geprägt, in denen Männer dominieren. Sowohl in Führungspositionen als auch bei Trainer:innen sind Frauen deutlich unterrepräsentiert, wodurch das Ausüben von sexualisierter Gewalt begünstigt werden kann. Die Täter sind überwiegend Männer, die von Gewalt Betroffenen mehrheitlich weiblich, sie finden dann jedoch keine weibliche Ansprechperson, der sie sich anvertrauen würden. Zudem setzen sich Vereine stärker für die Prävention sexualisierter Gewalt ein, wenn Frauen im Vorstand sind. Dies verweist auf einen weiteren Ansatzpunkt für erforderliche Veränderungen der Organisationskultur.

Sind sich Sportorganisationen dessen bewusst und was tun sie, um Kinder und Jugendliche, aber auch Erwachsene vor sexualisierter Gewalt zu schützen?

Was tun Sportorganisationen?

Der Deutsche Olympische Sportbund (DOSB) hat als Dachverband in den vergangenen Jahren gemeinsam mit der Deutschen Sportjugend (dsj) zahlreiche Aktivitäten entwickelt. Mit der Münchner »Erklärung des deutschen Sports zur Prävention und zum Schutz vor sexualisierter Gewalt« 2010 positionierte sich die Mitgliederversammlung des DOSB und verpflichtete sich dem Prinzip »Vorbeugen und Aufklären, Hinsehen und Handeln!«. Zuvor wurde bereits 2008 die bundesweite Aktion »Starke Netze gegen Gewalt: Keine Gewalt gegen Mädchen und Frauen!« initiiert. Mit dem Einrichten einer Ombudsstelle sowie einer Ethikkommission hat der DOSB seine Good-Governance-Aktivitäten auch in diesem Bereich ausgebaut. Auf der Mitgliederversammlung 2018 wurde der Beschluss gefasst, den Schutz vor jeglicher Form von Gewalt und Diskriminierung, insbesondere sexualisierter Gewalt, dauerhaft in den Sportorganisationen zu verankern. Daran anknüpfend wurde 2020 das DOSB-Stufenmodell beschlossen, mit dem sich die Mitgliedsorganisationen des DOSB verpflichten, bis Ende 2024 alle aufgeführten Maßnahmen zum Schutz vor sexualisierter Gewalt umzusetzen. Zudem wurde 2021 ein Projekt gestartet, das sich explizit dem Thema Aufarbeitung und dem Umgang mit vergangenen Fällen sexualisierter Gewalt im Sport widmet. DOSB und dsj unterstützen die Mitgliedsorganisationen mit zahlreichen Materialien und Veranstaltungen beim Wahrnehmen ihrer Verantwortung.

Über die Landessportbünde und Spitzenverbände hinaus erkennen mittlerweile auch Stadt- und Kreissportbünde und regionale Sportfachverbände mehrheitlich den Schutz vor sexualisierter Gewalt als ein relevantes Thema an. Im Rahmen der »SicherImSport«-Studie wurde dies 2021 in fünf Landessportbünden untersucht. Fast zwei Drittel der Stadt- und Kreissportbünde und deutlich mehr als die Hälfte der Fachverbände schätzen ein, über fundierte Kenntnisse zur Vorbeugung von sexualisierter Gewalt zu verfügen. Viele haben z. B. Ansprechpersonen benannt, Regeln zur Vorlage von Führungszeugnissen entwickelt und bieten Fortbildungen an. Jedoch sollten Kinder und Jugendliche selbst stärker in die Entwicklung der Schutzmaßnahmen einbezogen werden (Factsheet »SicherimSport« 2021).

Dies gilt es, auch an der Basis des Sports, in den Sportvereinen, umzusetzen. Hierhin bringen Eltern ihre Kinder und möchten sie gut aufgehoben wissen. Das sind die konkreten Orte, an denen sich Menschen zum gemeinsamen Sporttreiben zusammenfinden. In jedem Verein muss der Schutz vor sexualisierter Gewalt als ein bedeutsames Thema begriffen werden. Und das nicht im Sinne »noch einer zusätzlichen Aufgabe«, sondern als grundlegendes Handlungsprinzip – mithin als ganz selbstverständliche Haltung. Denn es sind die Sportvereine, in denen Nähe – soziale, emotionale und auch körperliche Nähe – gelebt wird. Daraus darf keine gefährliche Nähe werden. Sportvereine vermögen es mit all dem, was sie für Kinder, Jugendliche und Erwachsene bieten, Selbstvertrauen zu geben und Vertrauen zu anderen zu ermöglichen. Mit sportlicher Aktivität können Ängste abgebaut und die Gewissheit der eigenen Fähigkeiten gestärkt werden. Fundamental dafür ist eine Kultur, in der gegenseitiger Respekt und Wertschätzung gelebt werden. In einer solchen Vereinskultur können auch Aufmerksamkeit und Sensibilität gedeihen, um etwa Betroffenen von Gewalt im familiären Bezug zu helfen, durch ein soziales Umfeld mit Personen, denen sie sich anvertrauen können und die für Hilfe sorgen. Vereine können auch in diesem Sinne eine Schutzfunktion ausüben. Dafür braucht es Wissen und Handlungskompetenz innerhalb des gesamten Sportsystems. Ebenso bedarf es der Zusammenarbeit mit weiteren zivilgesellschaftlichen Organisationen sowie mit politischen Entscheider:innen von der lokalen bis auf die Bundesebene. Sport und Politik müssen den Kampf gegen sexualisierte Gewalt als gemeinsames Anliegen verstehen.

Damit letztlich jeder der fast 90 000 Sportvereine ein sicherer Ort ist, der Schutz bietet und stark macht gegen jegliche Form von Gewalt und Diskriminierung, ist jedes einzelne Vereinsmitglied zu beteiligen. Es liegt eine enorme Kraft darin, wenn alle genau hinschauen, sensibel wahrnehmen, klar ansprechen und couragiert handeln.

Weiterführende Literatur

Allroggen, Marc/Ohlert, Jeannine/Gramm, Corinna/Rau, Thea 2016: Erfahrungen sexualisierter Gewalt von Kaderathlet/-innen, in: Rulofs Bettina (Hrsg.), »Safe Sport« – Schutz von Kindern und Jugendlichen im organisierten Sport in Deutschland: Erste Ergebnisse des Forschungsprojektes zur Analyse von Häufigkeiten, Formen, Präventions- und Interventionsmaßnahmen bei sexualisierter Gewalt (Köln: Deutsche Sporthochschule Köln), S. 9–12.
DOSB 2021: »Safe Sport« – Ein Handlungsleitfaden zum Schutz von Kindern und Jugendlichen vor Grenzverletzungen, sexualisierter Belästigung und Gewalt im Sport unter: https://cdn.dosb.de/Handlungsleitfaden_Safesport.pdf
Rulofs, Bettina 2021: Machtmissbrauch und sexualisierte Gewalt im Sport – Ursachen und Entstehungsbedingungen aus Perspektive der Betroffenen, in: Neuber N. (Hrsg.), Kinder- und Jugendsportforschung in Deutschland – Bilanz und Perspektive. Bildung und Sport, CeBiS Bd. 26 (Wiesbaden: Springer VS), S. 71-87.

Rulofs, Bettina 2020: Schutz von Kindern und Jugendlichen vor Gewalt und Missbrauch im Sport, in: Breuer Christoph, Joisten Christine & Schmidt Werner (Hrsg.), Vierter Deutscher Kinder- und Jugendsportbericht – Gesundheit, Leistung und Gesellschaft (Schorndorf: Hofmann), S. 373–398.

Factsheet »SicherimSport« 2021: Zwischenergebnisse des Forschungsprojektes. Unter: https://www.uni-wuppertal.de/fileadmin/data/presse/news/2021/11/FactSheet_SicherImSport.pdf

Sexualisierte Gewalt und pädagogische Einrichtungen

Bernd Christmann

Die Tatsache, dass sexualisierte Gewalt gegen Kinder und Jugendliche hierzulande gegenwärtig als zentrales gesellschaftliches Problem anerkannt wird, ist auf eine spezifische Vorgeschichte zurückzuführen. Im Zuge des sogenannten Missbrauchsskandals des Jahres 2010 wurden zahlreiche Fälle von sexualisierter Gewalt an Schulen, Internaten und Heimeinrichtungen offengelegt. Daraufhin setzte eine heftige öffentliche Reaktion ein. Fassungslosigkeit herrschte etwa darüber, dass die Gewaltsysteme teilweise über Jahre oder gar Jahrzehnte hinweg Bestand haben konnten. Dies schien angesichts des hohen Renommees, das einige dieser Einrichtungen, wie etwa die Odenwaldschule oder das Canisius-Kolleg, bis dato innehatten, umso schwerer zu wiegen. Als besonders verwerflich wurden Gewaltfälle in kirchlichen Einrichtungen wahrgenommen, beanspruchen doch gerade die Kirchen die Deutungshoheit in Fragen von Moral und Sexualität. Unabhängig vom jeweiligen Einzelkontext erschütterten die Ereignisse des Jahres 2010 die Gesellschaft und weckten so ein allgemeines, öffentliches Bewusstsein zu sexualisierter Gewalt in pädagogischen Einrichtungen. Dabei geht es um ein maßgebliches gesellschaftliches Prinzip.

Im Kern dieses Prinzipes steht der Kontrakt zwischen Staat und Bürger:innen zur *gemeinsamen* Verantwortung und Zuständigkeit für die Erziehung, Bildung und das Wohlergehen junger Menschen. Diese geteilte Zuständigkeit ist im Grundgesetz verankert und wird bezogen auf die unterschiedlichen pädagogischen Einrichtungen auch als Bildungs- und Erziehungspartnerschaft beschrieben. Sie ist trotz der Definition als Partnerschaft jedoch durchaus nicht frei von Spannungen und Ambivalenzen. Pädagogische Einrichtungen wie Kitas, Schulen oder Heime stellen bedeutsame soziale Errungenschaften dar. Sie entlasten Familien und sind wichtige Sozialisationsorte für Kinder und Jugendliche. Die Existenz pädagogischer Einrichtungen geht einher mit dem Versprechen sozialer Gerechtigkeit. Staatlich geförderte Bildungs- und Erziehungsangebote sollen allen Kindern gleiche Entwicklungschancen und soziale Teilhabe ermöglichen. In diesem Sinne erfüllen pädagogische Einrichtungen elementare gesellschaftliche Funktionen. Im Hintergrund wirken jedoch auch unterschiedliche Zwänge. Die Kindestagesbetreuung beispielsweise ist zwar ein grundsätzlich freiwilliges Angebot, dessen Inanspruchnahme aber für viele Familien aus beruflich-ökonomischen Gründen praktisch alternativlos ist. Der Schulbesuch wiederum ist explizit verpflichtend. Gepaart wird die gesetzliche Schulpflicht mit der indirekten Notwendigkeit, die sich aus der Unabdingbarkeit eines Schulabschlusses für eine erfolgreiche Berufs- und Erwerbsbiografie ergibt. Für das Kindeswohl schließlich besitzt der Staat ein Wächteramt, das durch die Institution Jugendamt ausgefüllt wird. Ist das Kindeswohl gefährdet oder sind Eltern anderweitig nicht in der Lage, ihren Fürsorge- und Erziehungspflichten nachzukommen, kann ihnen das Sorgerecht ganz oder teilweise entzogen werden. Junge Menschen werden dann in Heimeinrichtungen untergebracht und dort pädagogisch betreut.

Die umfassende Legitimität und die breite gesellschaftliche Akzeptanz pädagogischer Einrichtungen sind historisch gewachsen und gründen maßgeblich auf der Überzeugung, dass Kinder und Jugendliche dort gefördert werden. Dazu gehört zwingend das Vertrauen, dass junge Menschen in diesen Einrichtungen sicher und geschützt sind. Die Erkenntnis, dass Schutzbefohlene in zahlreichen Einrichtungen sexualisierte Gewalt und andere Misshandlungen erlitten haben, hat dieses Vertrauen in eine tiefe Krise gestürzt. Zu betonen ist, dass diese Vertrauenskrise vor allem auch das Recht junger Menschen betrifft, frei von jeglicher Form von Gewalt aufzuwachsen.

Zwar wurden infolge der ab 2010 einsetzenden Debatten weder die Schulpflicht noch die Heimunterbringung von Kindern und Jugendlichen grundsätzlich in Frage gestellt. Es wurde jedoch überdeutlich, wie gerade ein unhinterfragtes Vertrauen auf den schützenden Charakter pädagogischer Einrichtungen verschleiern kann, dass Schulen, Internate und Heime auch Tatorte sein können. Aber diese Krise hat seit 2010 auch produktive und notwendige Entwicklungen in Gang gesetzt, indem sie zur kritischen Betrachtung der Risikobedingungen in Einrichtungen Anstoß gab. Ein Schlüsselereignis stellt die Einberufung des Runden Tisches »Sexueller Kindesmissbrauch in Abhängigkeits- und Machtverhältnissen in privaten und öffentlichen Einrichtungen und im familiären Bereich« dar, in dessen Abschlussbericht aus dem Jahr 2011 wesentliche Risikobereiche dargelegt und notwendige Entwicklungen aufgezeigt wurden. Es bleibt wichtig, den Blick immer wieder auf diese spezifischen Risikobedingungen zu richten, um ihnen präventiv begegnen zu können. Aber in gleicher Weise ist auch das besondere Potenzial zu betonen, das pädagogische Einrichtungen dazu qualifizieren kann, ein Ort des Schutzes zu sein.

Einrichtungen als Tatorte

Seit 2010 wurden und werden in immer mehr pädagogischen Einrichtungen Fälle von sexualisierter Gewalt gegen dort betreute Kinder und Jugendliche in unterschiedlicher Form offengelegt. Dies ist zuvorderst dem Mut und der Energie von Betroffenen zu verdanken, erlebte Gewalt öffentlich zu machen, Täter:innen zu benennen, und die jeweiligen Einrichtungen, deren Träger und nicht zuletzt den Staat selbst in die Verantwortung dafür zu nehmen, Aufklärung und Aufarbeitung zu leisten. Zumeist wird versucht, mit Hilfe wissenschaftlicher Methoden Gewaltfälle aus der Vergangenheit zu eruieren.

Die damit verbundenen Prozesse sind hochkomplex und nicht selten mit Konflikten verbunden. Trotz der vielfältigen Schwierigkeiten, die sich in forschungsmethodischer und -ethischer Hinsicht stellen, konnten durch wissenschaftliche Studien wichtige Erkenntnisse zur Frage erarbeitet werden, wie es in pädagogischen Einrichtungen zu sexualisierter Gewalt kommen kann. Ein übergreifendes Element ist der Faktor Macht. Wie oben skizziert stützt sich die Legitimität pädagogischer Einrichtungen maßgeblich auf Vertrauen. Vertrauen fußt wiederum darauf, dass die Einrichtungen einem übergeordneten pädagogischen Ziel dienen. Und Vertrauen basiert auch darauf, dass Kinder und Jugendliche gut betreut, erzogen und gebildet werden. Dieses Vertrauen erzeugt jedoch gleichsam Autorität und Macht einerseits und Abhängigkeiten andererseits. An dieser institutionellen Autorität und Macht partizipieren auch die einzelnen Mitarbeiter:innen einer Einrichtung. Das heißt also konkret, dass Lehrkräfte, Erzieher:innen, Pfarrer:innen, Betreuer:innen und andere Vertreter:innen gegenüber Kindern und Jugendlichen eine spezifische Machtposition innehaben. Wie genau diese Machtposition beschaffen ist, hängt vom jeweiligen Kontext ab. Darüber hinaus sind hierbei auch zeitgeschichtliche Rahmenbedingungen zu berücksichtigen. So galt Gewalt lange Zeit als allgemein akzeptiertes Mittel der Erziehung, das nicht nur Eltern, sondern eben auch Pädagog:innen zugebilligt wurde. Die Untersuchung von länger zurückliegenden sexualisierten Gewaltfällen konnte zeigen, dass die verbreitete gesellschaftliche Anerkennung von erzieherischer Gewalt einen eigenständigen Beitrag zur Ausübung von sexualisierter Gewalt in Einrichtungen geleistet hat. Dies trifft insbesondere für Einrichtungen zu, in denen strenge Hierarchien herrschten, wie es beispielsweise in vielen kirchlichen Einrichtungen lange Zeit der Fall war. Besonders zum Tragen kam dort die geistlich-religiöse Autorität von Priestern, Pfarrer:innen oder Ordensmitgliedern. Gegenüber dieser Autorität wurde unbedingter Gehorsam eingefordert. Körperliche Züchtigung war somit ebenso zu dulden wie sexualisierte Übergriffe. Unterschiedliche Formen von Maßregelungen und Körperstrafen waren in autoritär geführten Einrichtungen häufig an der Tagesordnung. Auf diese Weise konnten auch sexualisierte Formen der Gewalt gewissermaßen normalisiert werden.

Umgekehrt konnten beispielsweise die Untersuchungen zu den sexualisierten Gewaltkonstellationen in der Odenwaldschule als einer reformpädagogischen Einrichtung zeigen, dass auch in scheinbar antiautoritären pädagogischen Milieus Macht- und Abhängigkeitsverhältnisse herrschen können. Typisch für die Odenwaldschule war ein progressives Selbstverständnis, das vorhandene Ungleichheiten zwischen Schüler:innen, Lehrkräften und Betreuer:innen ignorierte. Alters- und statusbedingte Differenzen wurden bewusst verwischt, Kinder, Jugendliche und erwachsene Fachkräfte sollten einander auf Augenhöhe begegnen. So wurden insbesondere im Internatsbereich aber auch die Grenzen von Nähe und Distanz weitgehend aufgelöst. Indem Lehrkräfte als Hausväter oder -mütter fungierten, wurde eine familiäre und intime Atmosphäre geschaffen. Diese Vorbedingungen wurden von den Täter:innen dazu ausgenutzt, innerhalb der pädagogischen Beziehungen sexualisierte Gewalt unter dem Deckmantel der Liberalität auszuüben. Bevorzugt wählten sie für ihre Übergriffe Schüler:innen aus, die ein besonders großes Bedürfnis nach Nähe und Zuwendung hatten, wodurch sie im Sinne der sexuellen Motive der Täter:innen als manipulierbar erschienen.

Analog zur pädagogischen Grundhaltung einer Einrichtung erzeugt auch die damit verbundene Sexualmoral Risikobedingungen. Für sexualisierte Gewalt in kirchlichen Einrichtungen war eine massive Tabuisierung von Sexualität bestimmend. Indem Sexualität als etwas Sündiges und Verbotenes begriffen wurde, wurde eine offene Thematisierung etwa in Form von Sexualaufklärung von vornherein unterbunden. Täter:innen nutzten diese Tabuisierung, indem sie den betroffenen Kindern und Jugendlichen vermittelten, selbst die Verantwortung für die erlebten Übergriffe zu tragen. Betroffene wurden als sündig und verdorben stigmatisiert. Scham und auch die Angst vor der Strafe Gottes waren oftmals die Folge und hielten viele davon ab, sich Hilfe zu suchen. Die Nähe reformpädagogischer Einrichtungen zur sexuellen Liberalisierung, die sich seit den 1960er Jahren gesellschaftlich entwickelte, ermöglichte wiederum auf andere Weise die Ausübung sexualisierter Gewalt. Zwar stellte diese Liberalisierung eine wichtige Errungenschaft dar, kindliche Sexualentwicklung als relevantes pädagogisches Thema anzuerkennen und beispielsweise in Form der schulischen Sexualaufklärung ein allgemeines Bildungsangebot zu schaffen. Es gab jedoch Positionen, die sexuelle Handlungen zwischen Erwachsenen und Kindern als etwas Positives verbrämten und normalisieren wollten. Somit konnten die Täter:innen in Einrichtungen wie der Odenwaldschule sich auf eine starke zeitgenössische sexualmoralische Strömung beziehen, die sich auch in damals anerkannten erziehungswissenschaftlichen Arbeiten niederschlug.

Ein weiteres bedeutsames Risikomerkmal für sexualisierte Gewalt in Einrichtungen sind die vorhandenen Abhängigkeitsverhältnisse zwischen Kindern und Jugendlichen sowie den für sie verantwortlichen Fachkräften. Diese Abhängigkeiten sind ebenfalls ein Ausdruck von Macht und Autorität und kommen je nach Einrichtung auf unterschiedliche Weise zum Ausdruck. Ein typisches Abhängigkeitsmerkmal besteht beispielsweise im Bereich der Schulen darin, dass Lehrkräfte großen Einfluss auf den Bildungserfolg von

Schüler:innen ausüben können. Gute Noten sind mitbestimmend für den weiteren Lebensweg, die Abhängigkeit von bewertenden Lehrkräften ist entsprechend erheblich. Auch in Heimeinrichtungen können sich Abhängigkeiten in massiver Form ausprägen. Benotung ist hierbei zwar kein Thema, Betreuer:innen können jedoch beispielsweise festlegen, ob und welche Freiheiten und Privilegien Bewohner:innen in Anspruch nehmen können. Hinzu kommen emotionale Abhängigkeiten, die bei der Zielgruppe besonders stark ausgeprägt sein können. Kinder und Jugendliche in stationärer Unterbringung haben häufig aufgrund problematischer Bindungs- und Beziehungserfahrungen vielfältige psychosoziale Bedürfnisse, beispielsweise nach Zuwendung, Anerkennung und Nähe, die entsprechend ausgenutzt werden können.

Ungleiche Macht- und Abhängigkeitsverhältnisse spiegeln sich auch in fehlenden Partizipations- und Beschwerdemöglichkeiten. Die Untersuchung sexualisierter Gewaltkonstellationen hat diesen Mangel insofern als Problem erwiesen, als da die Offenlegungsversuche Betroffener aufgrund fehlender Anlaufstellen vielfach ins Leere liefen. Das ist jedoch nicht nur eine strukturelle Frage, sondern hängt auch mit einer geringschätzenden pädagogischen Haltung und fehlender Sensibilität für sexualisierte Gewalt zusammen. Aussagen von Kindern und Jugendlichen wurden regelmäßig ignoriert oder bagatellisiert. Den Erklärungen von Täter:innen aus den Reihen von Fachkräften wurde hingegen zumeist vorbehaltlos Glauben geschenkt. In zahlreichen Studien konnte gezeigt werden, dass es dabei immer auch ein wichtiges Motiv war, den guten Ruf einer Einrichtung zu schützen.

Risikobedingungen können allgemein gesprochen auf zwei verschiedenen Wegen zu sexualisierter Gewalt in Einrichtungen führen. Ein Weg besteht darin, dass Personen mit bereits vorhandener Intention zur Ausübung sexualisierter Gewalt gezielt versuchen, in pädagogischen Bereichen Fuß zu fassen, um so in Kontakt zu Kindern und Jugendlichen zu kommen und Gelegenheiten für Übergriffe herbeizuführen. Der andere Weg ist im Vergleich dazu komplexer und mit größeren Herausforderungen für die Prävention verbunden. Er besteht darin, dass sich aus den unterschiedlichen Beziehungsdynamiken in pädagogischen Einrichtungen heraus sexualisierte Übergriffe auch von Personen ausgehen können, die ursprünglich keine entsprechende Motivation hatten. Eigene psychosoziale Bedürfnisse von Fachkräften und fehlende Fähigkeit zur Reflexion von Nähe und Distanz können in dem Zusammenhang mögliche Ursachen für sexualisiertes Fehlerhalten sowie den Missbrauch pädagogischer Macht und Autorität sein.

Darüber hinaus konnten noch diverse andere Risiken identifiziert werden, wie etwa die räumliche und/oder soziale Isolation einer Einrichtung aber auch fachliche Defizite bei Leitung und/oder Mitarbeitenden. Einen einzelnen bestimmenden Faktor gibt es in der Regel nicht, zumeist sind unterschiedliche Risiken miteinander verwoben und verstärken sich gegenseitig. Und nach wie vor ist es notwendig, durch Forschung und andere Formen der fachlichen Auseinandersetzung die Aufarbeitung von sexualisierter Gewalt in Einrichtungen zu betreiben. Gleichzeitig können aufgrund des bereits vorhandenen Wissens über die spezifischen Risiken wertvolle Ableitungen gezogen werden, um sexualisierter Gewalt präventiv zu begegnen.

Einrichtungen als Kompetenzorte

Ähnlich heterogen wie die Risikogegebenheiten stellen sich auch die Präventionsmöglichkeiten und -strategien in den verschiedenen pädagogischen Bereichen dar. Dennoch lassen sich immerhin einige übergeordnete Aspekte ausmachen.

Eine zentrale formelle Maßnahme, die verhindern soll, dass einschlägig vorbestrafte Personen in pädagogischen Einrichtungen beschäftigt werden, besteht in der systematischen Überprüfung des erweiterten polizeilichen Führungszeugnisses von Bewerber:innen und Mitarbeitenden. Dies ist jedoch insofern nur bedingt präventiv wirksam, da längst nicht alle Personen, die sexualisierte Gewalt ausgeübt haben, über entsprechende Einträge im Führungszeugnis verfügen. Somit bedarf es einer Vielzahl weiterer Maßnahmen, um Prävention umfassend gestalten zu können. Von zentraler Bedeutung sind Schutzkonzepte. Dabei handelt es sich um Konzeptionen, die eine Reihe von Aufgaben erfüllen sollen. Zum einen sollen sie unterschiedliche präventive Einzelmaßnahmen bündeln und schriftlich festhalten. Somit beinhalten Schutzkonzepte oftmals Handlungsleitfäden, die Mitarbeiter:innen in kritischen Situationen Orientierung bieten sollen, etwa zur Vorgehensweise in einem Verdachtsfall. In solchen Schutzkonzepten können Verantwortlichkeiten festgelegt und Handlungsschritte abgebildet werden. Die besondere Verantwortung der Leitung sollte hervorgehoben werden, je nach Art der Einrichtung können aber auch andere Fachkräfte mit spezifischen Aufgaben ausgestattet werden. In Schulen sind die Schulsozialarbeit sowie Vertrauens- oder Beratungslehrkräfte häufig mit besonderen Zuständigkeiten ausgestattet. Größere Träger wie die Kirchen haben auf übergeordneter Ebene Stellen für Präventions- und Interventionsbeauftragte geschaffen. Dadurch soll gewährleistet werden, dass Mitarbeiter:innen im Krisenfall unmittelbar Ansprechpersonen finden. Für Kinder und Jugendliche werden in vielen Einrichtungen Beschwerdesysteme etabliert.

Schutzkonzepte sollen darüber hinaus Impulse setzen, um Risikobedingungen selbstkritisch zu reflektieren. Dieser Prozess wird als Risikoanalyse bezeichnet. Diese soll durch eine Potenzialanalyse flankiert werden, mit deren Hilfe Einrichtungen sich auch ihrer spezifischen Stärken bewusst werden können. Darauf aufbauend werden einrichtungsbezogene Entwicklungsprozesse zur Verbesserung des Schutzes der Adressat:innen in die Wege geleitet. Im Gegensatz zu rein strukturellen Maßnahmen ist es das Ziel der Schutzprozesse, vor allem auch das soziale Klima und die soziale Kultur in Einrichtungen zu beeinflussen. Einrichtungsklima und -kultur sollen gewährleisten, dass die Rechte von Kindern und Jugendlichen umfassend anerkannt und gesichert werden, dass es einen fachlich angemessenen und transparenten Umgang mit sexuellen Fragestellungen gibt, und dass Sensibilität für Grenzüberschreitungen herrscht. Dies lässt sich nicht rein schematisch oder standardisiert durch Konzepte vorgeben. Schutzkonzepte zielen daher auch darauf ab, den gemeinsamen Austausch und die kollegiale Reflexion zu stärken. Dazu zählt auch eine Feedbackkultur, die eine wertschätzende, offene Thematisierung fachlicher Fehler zulässt.

Ein Grundgedanke von Schutzkonzepten besteht darin, den fachlichen Umgang mit sexualisierter Gewalt auf ein positives gemeinsames Selbstverständnis aufzubauen. Pädagogische Einrichtungen sollen sich nicht nur als potenzielle Tatorte identifizieren, sondern sich auch als Orte der Kompetenz begreifen. Dies umso mehr, als da Kinder und Jugendliche überwiegend außerhalb von Einrichtungen sexualisierte Gewalt erleben, häufig im Familiensystem. In dieser Situation können Einrichtungen sich als Orte erweisen, an denen Betroffene Hilfe und Unterstützung erfahren. Das Verständnis von pädagogischen Einrichtungen als Kompetenzorte bezieht sich daher auch auf deren gesetzlichen Auftrag zur Mitwirkung im Kinderschutz, der im Rahmen des Bundeskinderschutzgesetzes (insbesondere § 8a SGB VIII, § 4 KKG) oder in den Schulgesetzen der Bundesländer formuliert ist. Eine pädagogische Einrichtung erfüllt demnach den Anspruch eines Kompetenzortes, wenn Betroffene dort Ansprechpersonen vorfinden und Unterstützung erfahren.

Die Idee von Prävention als Ausdruck von Kompetenz beschränkt sich nicht nur in einem strukturellen Sinne auf die Einrichtung. Auch die Qualifikation der Fachkräfte steht im Fokus fachlicher Debatten. Um diese für den Umgang mit sexualisierter Gewalt adäquat vorzubereiten, hat sich im Bereich der Fort- und Weiterbildung in den letzten Jahren viel getan. Im Gegensatz dazu hat die Forderung, Wissen über sexualisierte Gewalt bereits im Rahmen der unterschiedlichen Ausbildungs- und Studiengänge zu vermitteln, bislang noch nicht in vergleichbarem Maß Wirkung gezeigt. Der Verweis auf die Bedeutung der Qualifikation von Fachkräften führt jedoch letztlich wieder zurück zur Wichtigkeit guter Rahmenbedingungen in Einrichtungen.

Auch noch so gut ausgebildete Fachkräfte bedürfen des Rückhalts, der Unterstützung und Orientierung innerhalb ihrer Einrichtung. Die Komplexität als Merkmal sexualisierter Gewalt führt überdies dazu, dass pädagogische Einrichtungen nicht autark agieren können. Die Kompetenz einer Einrichtung besteht insofern nicht zuletzt darin, mit anderen fachlichen Stellen oder Expert:innen zu kooperieren. Neben dem Jugendamt, das bei einer Kindeswohlgefährdung ohnehin zu beteiligen ist, kommen etwa Fachberatungsstellen, Gesundheitseinrichtungen oder sexualpädagogisch tätige Organisationen als Partner:innen in Betracht. Und gerade wenn es in einer Einrichtung zu sexualisierter Gewalt gekommen ist, braucht es einen kompetenten Umgang im Sinne einer umfassenden und transparenten Aufarbeitung des Vorfalls. Besonders das Bekanntwerden von sexualisierten Übergriffen durch Mitarbeitende kann zu einer schwerwiegenden Irritation oder sogar Traumatisierung der gesamten Einrichtung führen. Damit sind jedoch auch diese möglichen Kooperationspartner:innen in der Verantwortung, ihre eigene Kompetenz auszubauen und die Zusammenarbeit mit anderen Einrichtungen aktiv zu gestalten. Damit hängen wiederum eigenständige Herausforderungen zusammen. Beispielhaft lässt sich das anhand der Frage verdeutlichen, unter welchen datenschutzrechtlichen Voraussetzungen Jugendämter Informationen über möglicherweise gefährliche Personen an pädagogische Einrichtungen weitergeben dürfen.

Fazit und Ausblick

Die aktuelle gesellschaftliche Sensibilität und Aufmerksamkeit für das Thema sexualisierte Gewalt hängt eng mit der Geschichte zahlreicher pädagogischer Einrichtungen zusammen, in denen Kinder und Jugendliche über lange Zeiträume hinweg massiven Übergriffen ausgesetzt waren. Die Auseinandersetzung mit den bislang offengelegten Gewaltkonstellationen in Einrichtungen wie der Odenwaldschule macht nach wie vor fassungslos. Diese Fassungslosigkeit wird auch dadurch nicht geringer, dass wissenschaftliche Forschung und andere Aufarbeitungsprozesse umfangreiches Wissen und somit eine analytische Perspektive auf die unterschiedlichen Gewalttaten bereitstellen. Der Missbrauch des Vertrauens, der Macht und der Autorität, die pädagogische Einrichtungen aus ihrer gesellschaftlichen Stellung heraus ableiten, stellt eine nachhaltige Erschütterung einer zentralen Säule der sozialen Ordnung dar. Neben diesem abstrakten Schaden ist es vor allem auch das individuelle Leid der Betroffenen, das unbedingt anzuerkennen ist.

Keinesfalls dürfen jedoch pädagogische Einrichtungen pauschal oder ausschließlich als potenzielle Tatorte wahrgenommen werden. Dies wäre nicht nur unfair gegenüber der guten und engagierten pädagogischen Arbeit, die in den allermeisten Einrichtungen unter oftmals herausfordernden Bedingungen geleistet wird. Dadurch würden auch die vielfältigen konstruktiven Weiterentwicklungen ignoriert, wie sie etwa unter dem Schlagwort »Schutzkonzepte« seit einigen Jahren umgesetzt werden. Pädagogische Einrichtungen erfüllen elementare gesellschaftliche Funktionen und gewinnen angesichts sozialer und demographischer Veränderungen zunehmend an Bedeutung. Dies gilt etwa für die Kindertagesbetreuung oder die Ganztagsschule. Hier, sowie beispielsweise auch in der Heimunterbringung, übernehmen Einrichtungen nicht nur eine Unterstützungsfunktion für Eltern, sondern repräsentieren auch die eigenständigen Rechte von Kindern und Jugendlichen auf Bildung und Entwicklung. Für Kinder und Jugendliche, die innerhalb des familiären Umfelds sexualisierte Gewalt erleben, können Einrichtungen darüber hinaus eine entscheidende stabilisierende Ressource und ein Mittel zur Gewährleistung ihres Wohlergehens sein. Neben der Rolle als Kompetenzort können Einrichtungen für Betroffene also auch Orte der Resilienz sein.

Aufgrund der Vielfalt der unterschiedlichen Einrichtungen kann es jedoch kein Patentrezept für die Entwicklung zum Kompetenzort geben. Das vorhandene Wissen über die Dynamiken sexualisierter Gewalt bildet jedoch ein wertvolles Fundament für die Gestaltung individueller Organisationsentwicklungen. Da Einrichtungen per se keine statischen Gebilde, sondern sich laufend weiterentwickelnde und stetig verändernde Systeme sind, müssen sich auch die Schutzkonzepte mitentwickeln. Ihre Aufgabe ist all denjenigen, die in fluktuierenden Konstellationen unter dem Dach pädagogischer Einrichtungen zusammenkommen, immer wieder Anlass zu Reflexion zu geben und die Aufmerksamkeit für das allzu lange verdrängte und ignorierte Thema sexualisierte Gewalt wachzuhalten. Pädagogische Einrichtungen bilden in dieser Hinsicht ein Spiegelbild der Gesellschaft. Der »pädagogische« Missbrauchsskandal des Jahres 2010 hat einen veränderten gesellschaftlichen Umgang mit dem Thema sexualisierte Gewalt in die Wege geleitet. Damit pädagogische Einrichtungen sich nachhaltig präventiv aufstellen können, ist es wichtig, diese gesamtgesellschaftliche Sensibilität aufrechtzuerhalten. In den letzten Jahren ins Leben gerufene Institutionen, wie das Amt der Unabhängigen Beauftragten für Fragen des sexuellen Kindesmissbrauchs, die Nationale Aufarbeitungskommission und der Nationale Rat gegen sexuelle Gewalt an Kindern und Jugendlichen, unterstützen dies. Nicht zuletzt bedarf es aber einer aufmerksamen Öffentlichkeit, die pädagogische Einrichtungen gleichermaßen stützt und kritisch begleitet, und die dauerhaft bereit und willens ist, Betroffenen Glauben zu schenken und Anerkennung entgegen zu bringen.

Weiterführende Literatur

Glaser, Edith/Mayer, Ralf/Retkowski, Alexandra (Hrsg.) (2021): Sexualisierte Gewalt in schulischen Einrichtungen. Analysen und Konsequenzen für pädagogische Forschung, Ausbildung und Praxis. 1. Auflage. Weinheim, (Basel: Beltz Juventa).
Keupp, Heiner/Mosser, Peter/Busch, Bettina/Hackenschmied, Gerhard/Straus, Florian (2019): Die Odenwaldschule als Leuchtturm der Reformpädagogik

und als Ort sexualisierter Gewalt. Eine sozialpsychologische Perspektive. Sexuelle Gewalt in Kindheit und Jugend (Wiesbaden: Springer VS).

Pöter, Jan/Wazlawik, Martin (2018): Bedingungen von sexualisierter Gewalt in pädagogischen Einrichtungen. Ergebnisse eines Reviews von Aufarbeitungsberichten. In: neue praxis: Zeitschrift für Sozialarbeit, Sozialpädagogik und Sozialpolitik 48, 2, S. 108–121.

Wolff, Mechthild/Schröer, Wolfgang/Fegert, Jörg M. (Hrsg.) (2017): Schutzkonzepte in Theorie und Praxis. Ein beteiligungsorientiertes Werkbuch (Weinheim: Beltz).

Bewusstseinswandel: Sexualisierte Gewalt als eine gesellschaftliche Herausforderung

Pamela Kerschke-Risch

Wir haben zu Beginn dieses Buches eine Reihe von Fragen aufgeworfen: Warum sind einige Lebensbereiche und Institutionen unserer Gesellschaft besonders anfällig für diesen Horror? Ja, und warum decken Individuen, aber auch Institutionen solche Verbrechen? Warum ist ein Land wie die Bundesrepublik mit einer westlichen Kultur, die die Freiheit zu einem der höchsten Ideale erhoben hat, so anfällig für Gewalt gegen die Schwächsten? Wie kann es sein, dass sexualisierte Gewalt vielfach totgeschwiegen und sogar gedeckt wurde und wird? Einige Antworten auf diese drängenden und dringenden Fragen sowie wichtige praktische Hinweise für Betroffene und Eltern haben die Autor:innen der einzelnen Beiträge in diesem Band gegeben. Einige Aspekte ziehen sich wie ein roter Faden durch das Buch. Diese sollen nun in einem Fazit zusammengefasst werden.

Zunächst ist festzuhalten, dass es sich keineswegs um ein spezifisches Phänomen unserer Zeit und unserer Gesellschaft handelt, auch wenn die in jüngster Zeit an die Öffentlichkeit geratenen Fälle, wie der an Brutalität und Ausmaß nahezu unvorstellbare Fall in Wermelkirchen, anderes vermuten lassen. Sexualisierte Gewalt gegen Kinder lässt sich vielmehr in der gesamten Menschheitsgeschichte beobachten. Wichtig dabei ist die Beobachtung, dass sich das Verhältnis der verschiedenen Gesellschaften und Epochen zur sexualisierten Gewalt gegen Kinder sowie das Bewusstsein laufend ändern.

In der Europäischen Union stellt sexualisierte Gewalt gegen Kinder ein Delikt dar, das durch massive Strafen sanktioniert wird (▶ Die Strafbarkeit des sexuellen Missbrauchs von Kindern). Auch in moralisch-ethischer Hinsicht wird der Tatbestand von unserer Gesellschaft ganz fraglos geächtet. Wie also lässt sich die Häufigkeit dieses Deliktes begreifen?

Es sind komplexe Zusammenhänge, die bedingen, dass sexualisierte Gewalt gegen Kinder überhaupt möglich wird. Eine grundlegende Voraussetzung ist das Machtungleichgewicht: Kinder sind sowohl physisch als auch psychisch grundsätzlich in einer schwächeren Position, als die potenziellen Täter:innen. Dieses Ungleichgewicht besteht häufig zudem nicht nur in körperlicher und geistiger Hinsicht, sondern auch in Bezug auf das Hierarchiegefälle. Täter:innen haben Macht über Kinder und diese üben sie aus – sei es manipulativ, sei es mit Drohungen oder dadurch, dass sie sich das Vertrauen erschleichen. Ein aktuelles Beispiel hierfür ist der Fall des bekanntesten und international angesehenen Kinderfotografen Achim Lippoth, der Kinder, die er gecastet hatte, auf Reisen mitnahm, ihnen Geschenke machte und Karrieren in Aussicht stellte, um sich dann an ihnen zu vergehen. Verdachtsmomente wurden weggewischt, Eltern waren stolz auf ihre Kinder und vertrauten dem Täter. Wenn Personen aus dem Umfeld des Täters etwas erahnten, schwiegen sie, u. a. auch um ihre eigene Karriere nicht zu gefährden (Zeitmagazin, 24.5.22). Aufgrund ihrer Position in pädagogischen Einrichtungen, beim Sport oder in Kirchen verfügen Täter:innen vielfach nicht nur über Macht, sondern genießen auch Ansehen und Autorität in unserer Gesellschaft (▶ Sexualisierte Gewalt und pädagogische Einrichtungen, ▶ Gefährliche Nähe? Sexualisierte Gewalt im Sport, ▶ Sümpfe und Moore? Sexualisierte Gewalt in der katholischen Kirche). Und die Kinder bzw. generell abhängige Personen werden für ihre Unterordnung belohnt – sei es, dass ihre Karriere gefördert wird, sei es, dass sie Geschenke erhalten, sei es, dass sie sich von der Autoritätsperson »auserwählt« fühlen. Oder es wird Druck ausgeübt, indem Mitwissende durch die Aussicht negativer Konsequenzen, wie z. B. das eigene Karriereende, zum Schweigen gebracht werden. Vielfach können oder wollen Menschen auch nicht wahrhaben, dass eine hochgeachtete und vielleicht sogar in der Öffentlichkeit stehende Person ein/e Sexualstraftäter:in sein kann.

Und so lässt sich die Frage, inwieweit Institutionen anfällig für sexualisierte Gewalt sind, auch durch die in den jeweiligen Strukturen mehr oder minder stark ausgeprägten Hierarchien beantworten.

Dennoch muss ganz klar festgestellt werden, dass die meisten Taten in Familien bzw. im familiären Umfeld begangen werden, wobei ein großes Dunkelfeld besteht. Auch hier gibt es Abhängigkeiten und vielfach herrscht ein Klima der Angst. So sind die Mütter der betroffenen Kinder häufig sowohl ökonomisch als auch psychisch von dem in der Regel männlichen Täter abhängig, werden bedroht und eingeschüchtert und müssen nicht selten ebenso wie die Kinder körperliche Gewalt erdulden.

Wie sich in den Beiträgen immer wieder gezeigt hat, gibt es nicht *die* sexualisierte Gewalt, sondern verschiedenste Formen und auch unterschiedliche Schweregrade. Eine Bewertung nach objektiven bzw. strafrechtlichen Gesichtspunkten sagt jedoch nichts darüber aus, wie diese Taten von den Betroffenen empfunden werden. So kann eine für Außenstehende vielleicht als weniger schwerwiegend eingestufte Handlung von der/dem Betroffenen ganz anders empfunden werden. Dies gilt insbesondere dann, wenn Betroffene wiederholt sexualisierter Gewalt ausgesetzt waren. Ein anschauliches Beispiel liefert ein Zitat aus dem Positionspapier des Betroffenenrates (Betroffenenrat 2021, 5):

»Erst wenn alle Erwachsenen den »ekligen Onkel«, den »anzüglichen Opa« als sexuell übergriffig benennen können, kann ein Bewusstsein für das Massenphänomen sexualisierter Gewalt in Familien entstehen. Denn in jeder Familie gibt es solche »anzüglichen Verwandten«, die aber oft nicht als Täter_innen wahrgenommen und beschrieben werden. Ebenso werden kindliche und jugendliche Opfer dieser Anzüglichkeiten sowie verbaler und physischer Übergriffe in Familien oft nicht als Betroffene sexualisierter Gewalt wahrgenommen und beschrieben. Ein wichtiger Schritt ist es deswegen, dass auch Familienmitglieder untereinander sprachfähiger werden, um sexualisierte Gewalt und Belästigungen benennen zu können«

Es ist daher wichtig, nicht nur das öffentliche Bewusstsein für sexualisierte Gewalt zu stärken, sondern sich illusionsfrei vor Augen zu halten, dass diese auch im direkten Umfeld stattfinden kann. Und es geht auch darum, dies im konkreten Fall klar zu benennen. Sexualisierte Gewalt ist ein Straftatbestand und weder Verwandtschaft noch Bekanntschaft dürfen ein Grund dafür sein, über das Delikt hinwegzusehen. Denn nur wenn das Umfeld den Betroffenen vorbehaltlos den Rücken stärkt und gleichzeitig die Täter:innen benennt sowie an weiteren Taten hindert, können auch die Martyrien der Kinder beendet oder verhindert werden.

Um sexualisierte Gewalt gegen Kinder zu verhindern, müssen außerdem Hilfen für Betroffene und Angehörige noch weiter verbessert werden (▶ Prävention, Unterstützung und Hilfe für Betroffene – Eine juristische Perspektive). Aber es muss auch vermehrt niederschwellige, möglicherweise sogar anonyme Angebote für potenzielle Täter:innen mit Präferenzstörungen geben. Dabei ist es wichtig, zu kommunizieren, dass Personen, die diese präventiven

Angebote in Anspruch nehmen, keine strafrechtlichen Konsequenzen zu befürchten haben.

Für Institutionen ist es wichtig, zu erkennen, dass der offene Umgang mit Fällen sexualisierter Gewalt nicht zu ihrer Schwächung führt, sondern ein Zeichen für einen bewussten Umgang mit einem Fehlverhalten von ihren Mitgliedern ist. Vertuschung bedeutet letztendlich Schwächung und Vertrauensverlust; Offenheit hingegen ist Stärke. Dies zeigt sich etwa in dramatischer Deutlichkeit anhand der zahllosen Austritte aus der katholischen Kirche. Dies bedeutet aber auch eine Abkehr von der Vorstellung, dass die Kirche unantastbar ist, und dass selbst hohe Geistliche keineswegs unfehlbar sind. Dies stellt für das institutionelle Selbstverständnis der katholischen Kirche, wie man gegenwärtig miterleben kann, offenbar eine enorme Herausforderung dar.

Der Verdacht sexualisierter Gewalt gegen Kinder muss generell strafrechtlich verfolgt werden. Das bedeutet vor allem, Institutionen oder Einrichtungen dürfen nicht nur selbst ermitteln und gegebenenfalls interne Maßnahmen ergreifen, wie dies in der Vergangenheit vielfach der Fall war.

Prävention muss in allen Bereichen, in denen Mitarbeitende mit Kindern in Kontakt kommen, allgemeiner Standard sein. D. h., dass Führungszeugnisse vorgelegt werden müssen sowie Verdachtsfälle ernstgenommen und verfolgt werden. In Vereinen, Institutionen oder pädagogischen Einrichtungen muss die Missbrauchsproblematik offen diskutiert werden, damit potenzielle Täter gar nicht die Möglichkeit erhalten, in sensible Positionen zu kommen.

Um die Kinder zu schützen und sowohl erstmalige als auch wiederholte Viktimisierungen zu verhindern, muss ihre Position in der Gesellschaft gestärkt werden. Anders ausgedrückt bedeutet dies: Es muss ein *Empowerment* der Betroffenen geben. Neben allgemeinen Hilfsangeboten ist vor allen Dingen aber ein direkter, sofortiger Schutz vor den Täter:innen unabdingbar. Nicht nur für Institutionen heißt dies, dass die Täter:innen keinerlei Zugang mehr zu Kindern haben dürfen, das gleiche gilt auch für sexualisierte Gewalt in der Familie.

Neben der Stärkung und dem Schutz der Kinder muss ebenfalls Hilfe für die Mütter oder anderen Bezugspersonen, die sich in ungünstigen Abhängigkeits- und Gewaltkonstellationen befinden, zur Verfügung gestellt werden. In begründeten Fällen dürfen Verantwortliche keine Angst vor Interventionen in Familien haben, denn es muss sich die Erkenntnis durchsetzen, dass Familien nicht immer zwangsläufig der beste Ort für betroffene Kinder sind.

In dem folgenden Schaubild werden die allgemeinen Zusammenhänge zwischen der staatlich-gesellschaftlichen Ebene, den Betroffenen, den Täter:innen und sexualisierter Gewalt dargestellt.

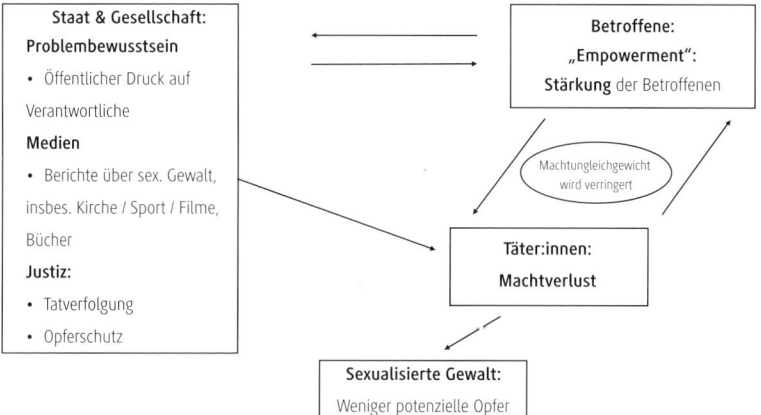

Abb. 4: Schematische Darstellung der Aus- und Wechselwirkungen gesellschaftlicher, rechtlicher und individueller Bedingungen auf sexualisierte Gewalt.

Das Schaubild verdeutlicht folgende Mechanismen: Die staatlich-gesellschaftlichen Bedingungen wirken direkt, sowohl auf die Betroffenen, als auch die Täter:innen. Betroffene und ihre Interessenvertretungen können sich öffentlich äußern, Medien greifen die Themen auf und das gesellschaftliche Bewusstsein wird geschärft. Eine derartig sensibilisierte Gesellschaft setzt sich gezielter für Gefährdete und Betroffene ein. Gestärkte Betroffene wiederum können sich aktiver für ihre eigenen Rechte einsetzen, sind resilienter. So entstehen sich positiv entwickelnde Wechselwirkungen. Der Staat kann z. B. mit Gesetzesänderungen entsprechend reagieren, sodass die Bedingungen für Täter:innen schlechter werden. Empowerment der Betroffenen auf der einen Seite sowie eine gestiegene Sensibilisierung der Öffentlichkeit auf der anderen Seite verringern wiederum die Macht der Täter:innen, sodass das Machtungleichgewicht insgesamt verringert wird.

Sexualisierte Gewalt gegen Kinder kann weitreichende Folgen, nicht nur für die Betroffenen selbst, sondern auch für ganze Familien zukünftige Partner:innen oder auch die eigenen Kinder mit sich bringen. Aber auch ganze Institutionen können nachhaltig geschädigt werden, wie z. B. Kirchen- bzw. Religionsgemeinschaften. Das Leid der Individuen und negative Folgen sowie Folgeketten für Familien, Institutionen und die Gesellschaft zu verhindern, muss unser oberstes Ziel sein. Und dabei ist jede/r von uns gefordert, nicht wegzusehen und im Zweifelsfall einzugreifen.

Da Kinder sich selbst nicht ausreichend wehren und schützen können, müssen sie von uns, von der Gesellschaft, geschützt werden, selbst wenn dabei unser Weltbild und unser Vertrauen in Familien, Institutionen und Vereine ins Wanken geraten sollte.

D. h. aber auch, dass Autoritäten nicht bedingungslos anerkannt, sondern auch in Frage gestellt werden müssen – dies gilt sowohl für Einzelpersonen als auch für Institutionen. Gesellschaftliche Realitäten, Traditionen und Sozialisation sind hierfür häufig bestehende Hindernisse, die es zu überwinden gilt. Nur in einer angstfreien Umgebung kann es möglich sein, sexualisierte Gewalt gegen Kinder zu verhindern.

Beim Kindeswohl darf es keine Kompromisse geben! Das bedeutet aber auch, das Thema sexualisierte Gewalt zu enttabuisieren und offen zu diskutieren. Und so sollte das Motto des Deutschen Olympischen Sportbundes »Vorbeugen und Aufklären, Hinsehen und Handeln!« für uns alle gelten!